AF199727

Mein Weg
von der Leuchte zur Erleuchtung

Mein Weg
von der Leuchte zur Erleuchtung
-
Wie alles begann

von Autorin
Sabine Grimus

Herstellung und Verlag:
BoD – Books on Demand, Norderstedt

ISBN: 9783749498918

Inhaltsverzeichnis

Inhaltsverzeichnis

Einleitung

Im Jahre 1991, als ich etwa fünf Jahre alt war, hatte ich zum ersten Mal einen hellsichtigen Traum. Dieser war für mich ein wahrer Albtraum, denn ich war in der Zeit an einer schweren Magen-Darm-Grippe erkrankt und sehr geschwächt:

Ich träumte, dass ich in der Nacht munter werde, über die Treppen in dem Haus, in dem ich tatsächlich damals wohnte, hinunterlaufe, um mich auf der Toilette zu erleichtern, da ich im Magen nach oben wie unten einen massiven inneren Druck verspürte. Danach ging ich hinüber ins Wohnzimmer, wo meine Mutter stand und sehr nachdenklich in die Weite blickte, doch anstatt des gewohnten Ausblicks, sah ich auf ein riesiges Gemälde, welches eine Schlachtszene zeigte, bei der Napoleon Bonaparte mit gezogenem Säbel auf einem weißen Streitross saß. Als ich meine Mutter ängstlich fragte, was denn los sei, meinte diese nur, dass der „Krebs" kommen würde und dann wachte ich auf.

Einige Zeit später hatte ich meinen nächsten richtungsweisenden Traum, in dem ich mit meinem Vater in der Küche war und gerade herumalberte, als er nach draußen blickte und auf einmal sehr beunruhigt zu mir sagte, dass wir uns unter dem Tisch verstecken sollten, doch kaum waren wir darunter, brachen „Bakterien" in Form der Gestalten aus „Es war einmal das Leben" durch unser Fenster in die Küche ein und griffen nach meinem Vater, der zu mir sagte: „Die sind wegen mir hier, hab keine Angst, das ist in Ordnung.", welchen sie dann mit Gewalt hinauszerrten und mich alleine zurückließen. 1996 erhielten wir die Diagnose, dass mein Vater an Magenkrebs im Endstadium erkrankt sei. Er erlag seinem Leiden im April 1997. Ab da ahnte ich, dass ich „anders" sei, als die meisten Kinder in meinem näheren Umfeld.

Ich wurde oft von meiner Mutter und meinen Mitmenschen als wehleidig und jammernd angesehen – wie hätten sie auch wissen können, dass ich ein sensitives Kind bin und Gaben habe, die mir ermöglichen mich in jedes lebende Wesen einzufühlen? Ich habe nicht nur die Fähigkeit zu Mitgefühl und Nächstenliebe, ich kann den Schmerz auch tatsächlich fühlen und wahrnehmen, ich wusste dies nur als Kind alles noch nicht.

Damals wünschte ich mir sehr oft „normal" zu sein, um zu den anderen zu passen. Ich fühlte mich oft mittendrin ausgegrenzt und einsam. Ich ging schon damals viel allein in die Natur, um mich mit den Tieren und Mutter Erde zu verbinden, indem ich sang, spazieren ging, mich in die Wiese legte und vor mich hinträumte.

Meine besondere Bindung zu Tieren und Vorliebe für Blumen wurde mir ebenfalls in die Wiege gelegt. Die Natur nahm mich an, ohne über mich zu urteilen oder zu werten. Ich war in der Natur und die Natur war in mir, wir waren eins, wie Mutter und Kind in Liebe vereint.

Meine Sensitivität machte mir oft zu schaffen, jahrelang, mein Leben lang. Ich fühle sofort in einem Raum, wenn Disharmonie herrscht, ich fühle die Wut und Aggression der anderen, Falschheit und Egoismus schmerzen mein Herz, rauben mir die Luft zum Atmen. Obwohl mich andere immer als schwach ansahen, kämpfte ich immer für die Schwachen um Gerechtigkeit. Ich ließ es mir auch als Kind nicht nehmen, für die einzustehen, die sich selbst nicht helfen konnten. Es brach mir das Herz, wenn jemand schlecht und unrecht sowie lieblos behandelt wurde, was sich bis heute nicht geändert hat.

Meine Kindheit, Pubertät und Jugend waren sehr schwer für mich. Ich verstand Vieles nicht und kam mir immer vor wie ein einzelner Revoluzzer gegen den Rest der Welt. Erst im Laufe der Jahre lernte ich, dass ich einfach anders bin, so wie jeder Mensch anders und etwas Besonderes ist. Kein Mensch gleicht die anderen, nicht einmal eineiigen Zwillinge. Jeder von uns hat gottgegebene Gaben, Fähigkeiten und Talente, die es gilt, im Leben zu erforschen, zu erfahren und zum Wohle aller einzusetzen, um unsere Lebensaufgabe zu finden und zu erfüllen.

Durch andere kommt man oft vom eigenen Weg ab, lässt sich fremdlenken, übernimmt Ansichten und geht Wege, die nicht die eigenen sind/der eigenen Wahrheit entsprechen, doch dann liegt es an uns, uns dessen bewusst zu werden und unser Zepter wieder in die Hand zu nehmen, um unserem Herzen zu lauschen und unserer wahren Natur entsprechend zu handeln und auf unseren Weg des Herzens zurückzukehren, um den Himmel auf Erden zu finden und Liebe zu leben…

1. *Mein Anfang*

Schon als Kind war ich also sensitiv und dadurch viel sensibler als die meisten Kinder in meinem Alter, weshalb ich auch damals schon (trotz meiner drei älteren Geschwister) gerne alleine Zeit in der Natur verbrachte, da ich mich immer schon geborgen fühlte, wenn ich mich draußen frei bewegen und einfach ich sein konnte.

Auch heute noch tanke ich die meiste Energie, wenn ich draußen oder in der Nähe von Tieren sein kann, da mich diese Stille der Einheit von innen heraus erfüllt und mich erfreut sowie kräftigt.

Nachdem mein Vater starb, änderte sich plötzlich vieles radikal für mich. Erst bereiteten wir den Umzug vom Haus mit Garten in eine große Wohnung, zirka drei Kilometer von unserem bisherigen Zuhause entfernt, vor, dann kamen die Sommerferien, in denen wir umzogen und nach dem großen Familienurlaub in der letzten Ferienwoche nach all den Strapazen, fing ich in der Hauptschule an.

Ich fühlte mich entwurzelt, denn auch, wenn viele meiner Volksschulklassenkameraden auch weiterhin auf die gleiche Schule wie ich gingen, so war doch die gewohnte Umgebung weg, mein Vater war weg, meine besten Freundinnen, mit denen ich aufwuchs waren weg und das Schlimmste für mich war, dass die Wohnung zwar schön und groß genug für uns war, jedoch lag diese im ersten Stock mitten im Ort, ohne Garten und gegenüber vom Friedhof, was mir anfangs auch unheimlich war.

In dieser Umgebung fühlte ich mich – obwohl ich von uns vier Geschwistern am längsten (ich zog zweimal wieder vorübergehend zu meiner Mutter zurück, nachdem ich zwei Beziehungen nach ein paar Jahren wieder beendete) in dieser Wohnung lebte – nie wirklich zu Hause. Es fehlte mir einfach die Geborgenheit, die ich als Kind in unserem Haus empfand. Wir wohnten zwar in sehr bescheidenen Verhältnissen, doch fehlte es mir an nichts. Ich hatte liebende Eltern, liebe Geschwister, Freunde, unsere Haustiere, die Natur direkt vor der Haustüre, einen eigenen Garten rund ums Haus mit großer Wiese und sogar einem Biotop sowie diversen Obstbäumen und ganz in der Nähe hatten wir sogar einen Wald mit Fischteichen. Es war das Paradies auf Erden für mich.

Noch heute fühle ich mich am wohlsten in einem Haus im Grünen, auch wenn ich derzeit seit einigen Jahren Städterin mitten in Linz bin, was ökologisch gesehen toll ist, da ich seit Anfang Jänner 2014 kein Auto mehr habe und alles zu Fuß oder öffentlich erreiche, doch gehe ich so oft ich kann spazieren und setze mich in Parks oder an die Donau und beobachte das Geschehen, lasse meine Gedanken schweifen und verbinde mich mit Mutter Erde und lausche ihrer Stimme, die wir durch unsere Emotionen in unserer Stille wahrnehmen können, wenn wir es zulassen.

Auf unser Herz zu hören, ist, glaube ich, eines der schwierigsten Unterfangen, denn bis man tatsächlich die eigene Stimme seines Herzens wahrnimmt, ist viel Geduld und Übung gefragt und manchmal auch ein „Stupser von oben" vom lieben Gott höchstpersönlich.

Im Endeffekt ist es doch so, dass wir sehr schnell spüren und wahrnehmen, wenn uns etwas nicht behagt. Sei es die neue Kollegin in der Arbeit, der neue Partner, das neue Haus oder nach Jahren unser Job – unser Herz „sagt" uns sehr schnell, wenn uns etwas widerstrebt, jedoch unser Kopf lässt uns „fleißig weitermachen" und zieht uns damit in ein „Kopf-gegen-Bauch-Duell" der Sonderklasse…

Wir fühlen die Disharmonie zwar von Anfang an, ignorieren diese jedoch allzu oft, á la „das bilde ich mir ja doch nur ein". Was jedoch, wenn nicht? Dann fangen nämlich unsere körperlichen Beschwerden an. Unser Magen zieht sich zusammen, wir leiden an Kopfschmerzen oder Migräne, unser Rücken schmerzt, unsere Gelenke schmerzen und lassen aus und was tun wir dagegen? Wir gehen zu Ärzten und lassen uns von Kopf bis Fuß untersuchen, weil doch irgendwo die Ursache „sitzen" muss und sehr oft, auch wenn wir keine Diagnose bekommen, weil nichts festgestellt oder gefunden werden kann, betäuben wir unseren Schmerz einfach mit Tabletten, denn Hauptsache, wir „laufen wieder rund". Ich nehme mich selbst überhaupt nicht aus, denn ich brauchte einige Jahre und zwei Autounfälle, um auf meinen rechten Weg zurückgebracht zu werden!

Meine Kindheit empfand ich sehr schnell als „vorbei" nachdem mein Vater gestorben war, denn da ich meiner Mutter nicht zur Last fallen wollte, versuchte ich alles, was anfiel, mit mir selbst auszumachen und alleine durchzustehen. Ich litt als Kind an einer Wachstumskrankheit und wuchs nicht regelmäßig, sondern in massiven tageandauernden Wachstumsschüben, was enorme Schmerzen für mich bedeutete, was die Ärzte damals vor ein Rätsel stellte (die Diagnose mit

14

der Wachstumskrankheit kam erst bei meinem ersten Unfall 2008 auf einer Röntgenaufnahme meiner Wirbelsäule heraus). Die Ärzte sagten mir deshalb, dass ich mir die Schmerzen nur einbilde und ich nichts „habe", was wiederum meine hilflose Mutter dazu bewog, dass sie mir unterstellte, dass ich nur so tue, als leide ich an Schmerzen. Ich vergebe ihr von ganzem Herzen, denn sie wusste es damals einfach nicht besser!

Als Teenager brachte mich dieses ewige „Sei nicht so wehleidig" dazu, dass ich allen, vor allem meiner Mutter (im Nachhinein betrachtet), beweisen wollte, wie stark ich tatsächlich sei und stach mir mit zwölf Jahren erste zehn zusätzliche Ohrlöcher selbst (zu meinen zwei vorhandenen), ehe ich mit dreizehn Jahren anfing, mir Piercings stechen zu lassen, welche innerhalb eines Jahres gleich auf sieben Stück anstiegen, die meisten davon sichtbar im Gesicht. Diese – mir erst nachher bewusstgewordene – Maske half mir damals, mich stärker zu fühlen, denn trotz meines jungen Alters, wirkte ich immer schon viel älter da reifer, als ich tatsächlich war, was mir auch den Zugang zu Discos erleichtere, da ich meine Stofftiere und heißgeliebten Pferde samt Reitstunden ziemlich schnell gegen Tanzen und Fortgehen eintauschte.

Ich fühlte mich von Gleichaltrigen immer schon missverstanden und verstoßen, nicht nur, weil ich ein beliebtes „Mobbingopfer" war, da ich mich nach außen hin ja als stark gab und auch „gefährlich" aussah mit meinem ganzen „Blech" im Gesicht und mich vor allem für die Schwächeren einsetzte. Egal ob Schüler oder Lehrer auf Schwächere losgingen, ich ging fast immer dazwischen und lenkte so die Aufmerksamkeit der Rädelsführer und Lehrer, die gerne Schüler vor der ganzen Klasse bloßstellten und runterputzten, auf mich, was ich in der Schule relativ gelassen hinnahm.

Zuhause erlitt ich dann einen Weinkrampf und Nervenzusammenbruch nach dem anderen, was nicht selten auch in Suizidgedanken überging, die soweit gingen, dass ich mehrmals auf einer Brücke stand und überlegte, ob ich springen solle, denn dann wäre alles vorbei und alle hätten ein leichteres Leben ohne mich. Krasse Gedanken für ein zwölf, dreizehn Jahre altes Mädchen, aber ich machte ja immer alles mit mir selber aus, da ich einerseits niemandem zur Last fallen wollte und andererseits schmerzlich erfahren musste, dass auch beste Freundinnen aus Kindertagen irgendwann – obwohl man sie immer verteidigt und beschützt hat – fallen lassen können, indem sie eben nicht eingreifen, wenn man selber verbal attackiert und ausgegrenzt wird.

So kam es, dass ich schon damals mit älteren Schülern weit mehr gemeinsam hatte und mich schnell mit ihnen anfreundete und viel Zeit mit ihnen verbrachte, weil die mich so akzeptierten, wie ich war, weil sie ähnlich *rebellisch* waren.

Ich fing mit zwölf Jahren an zu rauchen und trank mit Dreizehn zum ersten Mal Alkohol. In den Discos lernte ich noch mehr noch ältere Leute kennen, mit denen ich mich anfreundete und so wuchs mein Bekanntenkreis sehr schnell massiv an. Auch mit illegalen Substanzen kam ich zu dieser Zeit zum ersten Mal in Kontakt, als ich eine Gruppe kennen lernte, die Partydrogen konsumierte.

Mir taten solche Menschen immer leid, denn egal mit wie vielen Süchtigen ich sprach, im Endeffekt ging es allen ähnlich: schwierige Kindheit, oftmals Missbrauch, Probleme zu Hause/in der Arbeit/in der Schule, Sorgen und niemand da, der ihnen zuhörte oder für sie ein offenes Ohr und Herz hatte. Ich las zu der Zeit das Buch „Christiane F. – Wir Kinder vom Bahnhof Zoo" und beschloss schon damals, dass ich später einen Beruf ergreifen möchte, in dem ich Menschen mit Problemen helfen kann, doch bis es soweit war, dauerte es noch…

Ich merkte schon sehr früh, dass Menschen, egal welchen Alters, sehr schnell intuitiv Kontakt zu mir aufnahmen und mir vertrauten. Sie erzählten mir oftmals ihre ganze Lebensgeschichte, was mich sehr freute, da ich immer schon gerne für andere da war, weil ich weiß, wie wichtig es ist, jemanden zu haben, dem man seine tiefsten Gefühle und Ängste anvertrauen kann.

Mit der Zeit kam es, wie es kommen musste und auch ich rutschte in die Suchtfalle. Ich konsumierte regelmäßig an den Wochenenden, zum ersten Mal, als ich vierzehn Jahre alt war. Ich ging trotzdem weiter zur Schule und lebte mein Leben. Ich fühlte mich einfach frei beim Feiern in der Gemeinschaft und genoss den inneren Frieden tanzend zur Musik mit meinen Freunden. Dass ich süchtig war, wollte ich länger nicht wahrhaben, denn ich „schaltete ja nur ab, um gemeinsam zu Feiern". Erst als mein Körper die ersten Anzeichen aufzeigte (wie Hautprobleme und Paranoia) begriff ich, dass ich schon tiefer drinsteckte, als mir lieb war.

Auch meine Mutter kam mir damals auf die Schliche und sprach mich auf meine Sucht an und ich gestand ihr meinen

Konsum, da ich – egal, was für Mist ich anstellte – immer ehrlich blieb, was auch heute noch so ist. Lieber zu meinen Fehlern stehen und offen darüber reden, als so „zu tun als ob (alles in Ordnung wäre zum Beispiel)". Ich als sensitiver Mensch vertrage nichts schlechter als Oberflächlichkeit und Unehrlichkeit. Dabei zerspringt mir fast das Herz, egal, ob ich direkt betroffen bin, oder nicht: Es ist für mich die Hölle auf Erden, wenn jemand einen anderen anlügt.

Wie aufgrund meines Verhaltens der Verteidigung und Unterstützung von Schwächeren leicht erkennbar, so bin ich auch heute noch Friedensstifterin und Gerechtigkeits"fanatikerin", was mich auch zu einem meiner eigenen Tattoo-Motive der Justitia im 50's Pin Up-Style bewog.

Damals, als die Paranoia besonders schlimm wurde, fand ich meinen Weg zurück zu Gott, denn in der größten Angst, die ich bis dorthin empfunden habe, fing ich an zu beten. Ich habe als Kind von meinem Papa einen Kettenanhänger mit Christophorus und dem Jesuskind auf seinen Schultern bekommen, auf dem auf der Rückseite „Gott schütze dich" eingraviert ist und dieser brachte mich auf die Idee, zu Gott zu beten und in der dunkelsten Stunde meiner Verzweiflung, empfand ich zum ersten Mal das Gefühl von Geborgenheit und innerer Ruhe im Gebet.

Seit diesem Augenblick bete ich täglich abends vor dem Schlafengehen. Ich bete zu Gott und bete für meine verstorbenen und lebenden Angehörigen, für meine Haustiere, meine Freunde und bedanke mich für all die schönen Dinge in meinem Leben, wie meine Wohnung, Warmwasser, Strom,

Musik, meine Gesundheit, meinen Erfolg, meine Gaben und Talente und vieles mehr.

2. *Dankbarkeit*

Dankbarkeit ist einer der Schlüssel zum Glück sag ich immer und meine es auch so. Erst wenn wir unsere Gedanken weg vom Mangel zur Fülle unseres Lebens lenken und diese Dankbarkeit auch tatsächlich spüren, sind wir fähig, uns selbst zu lieben. Erst dann sind wir fähig, uns und unser Leben anzunehmen als das, was es ist, nämlich ein Wunder.

Wir alle sind Kinder der Liebe und aus einem ganz bestimmten Grund hier und jetzt reinkarniert. Unsere Seele hat sich für dieses Leben eine Aufgabe ausgesucht und auch ein Leben, in dem sie am meisten über das Menschsein lernen und erfahren kann. Auch wenn viele ihr Leben als Plage, Not, Strafe oder Schlimmeres empfinden, so gibt es einen Grund, warum wir hier sind. Welcher das ist, weiß nur unser Herz.

Wie gesagt, waren auch bei mir immer wieder Schicksalsschläge durchzustehen: Vater gestorben als ich zehn war, Nikotinsucht, Drogensucht, Magersucht, Depression, Übergewicht, Unfälle, Burnout, Rheuma, Migräne, Verluste, Betrug, Ängste, Verrat, fehlende Liebe, Selbstzweifel, Schulden, Mangel, psychische Gewalt und so weiter und so fort. JEDER von uns, hat sein Päckchen zu tragen, das ist nun einmal so! Da führt kein Weg dran vorbei, denn wer sich mit Suizid „aus dem Leben zieht", der muss in der nächsten Reinkarnation nochmal die gleichen Themen durchleben, die er eigentlich schon in diesem Leben bewältigen hätte können, um weiter aufzusteigen, doch wer sich verzupft, der wird gerupft.

Ich will damit sagen, dass egal wie schlimm es oft momentan aussieht, es IMMER einen Weg gibt! Man muss nur genau hinsehen und darüber nachsinnen, was dieser Schicksalsschlag uns sagen wollte.

Die hellsichtigen Träume, die mir anfangs so Angst machten sowie die Tatsache, dass ich medial begabt bin, oder auch meine Sensitivität, die mir einen hohen Grad der Empathie ermöglicht, empfand ich sehr lange Zeit als Fluch denn als Segen. Es machte mir Angst, ich wusste nicht damit umzugehen, ich fühlte mich trotz allem allein auf weiter Flur, bis mich mein Unfall 2008, bei dem ich frontal mit 70 km/h einen Rehbock mit dem Auto abschoss, auf meinen Weg der Selbstheilung brachte.

Da die Schmerzen, ausgelöst durch den Frontalzusammenstoß, auch nach drei Monaten nicht besser wurden, fing ich an bei der Freundin der Mutter meines zweiten Freundes massieren zu gehen. Diese bot mir nach einiger Zeit an, mir Bachblüten von ihrer Energetikerin machen zu lassen, was ich dankend annahm. Als ich dann zu den Bachblüten Zetteln dazubekam, auf denen haargenau stand, welche Blüten wofür standen, war ich fasziniert, denn diese stimmten jedes Mal zu 100 %!

Als mir meine Masseurin dann sagte, dass ihre Energetikerin mich zu einem Reiki-Kurs einladen möchte, machte ich mich im Internet über diese Art der Heilung schlau und entschied dann – dem Ruf meines Herzens folgend – mich für den 1. Grad anzumelden, was der Anfang zum Zugang zu mir selbst wurde.

Ich lernte, wie ich mir selbst helfen und mich bewusst abgrenzen und auch andere behandeln konnte, was mir wahnsinnig viel für mich selbst brachte und mich weitermachen ließ, sodass ich schließlich im November 2011, nach dem 2. 2009 und 3. Grad 2010 bis 2011, sogar den 4. Grad als Reikilehrer absolvierte.

Seither entwickelte ich mich enorm weiter und auch meine Fähigkeiten reiften mit mir. Ich lernte, die Dinge anzunehmen und sie zu akzeptieren wie sie sind. Nichts passiert ohne Grund und alles ist gut, so wie es ist und heilt von selbst, wenn wir daran glauben. Gott hat wirklich für jeden von uns einen Plan, wir sind nicht allein und müssen uns alleine durch das Leben kämpfen, wir haben Helfer an unserer Seite! Seien es Erdenengel in Form von unserer Familie oder von Freunden, wie auch unseren Schutzengeln und die Erzengel, die unsere Verbindung zu Gott sind.

Wenn wir lernen unser Herz wieder zu öffnen und uns selbst zu akzeptieren wie wir sind, nämlich als vollkommene und liebenswerte wie auch wertvolle Geschöpfe und Kinder Gottes, dann eröffnet sich uns die wahre Welt, nämlich die Welt der Liebe.

Die Liebe ist und bleibt die stärkste Macht des Universums und Gott selbst hat sie uns geschenkt, damit wir das Leben leben dürfen und können, wie wir es uns wünschen. Natürlich haben wir einen Lebensweg, der uns vorherbestimmt ist, da wir (also unsere Seele) ihn sich selbst ausgesucht hat, doch haben wir immer die Wahl uns zu entscheiden, was wir tun wollen: Wollen wir weiter gegen uns selbst ankämpfen und krank sein, unsere Energie verschwenden und im Mangel leben, ODER widmen wir uns wieder mehr Zeit, beginnen in uns zu gehen, in der Stille unsere Mitte zu finden und lernen wieder auf die wundervolle Stimme unseres Herzens zu hören, die gleich ist, mit der Weisheit Gottes? Wie entscheidest DU dich?

Anfang des Jahres hatte ich wieder einen Autounfall, als ich auf dem Nachhauseweg von meinem dritten Freund war. Ich kam bei einem Überholvorgang mit 80 km/h wegen nasser Fahrbahn/Blitzeis auf der Autobahn ins Schleudern, rutschte erst links gegen die Leitplanke, schleuderte dann auf die Nebenfahrbahn und rutschte dann – gottseidank in Zeitlupe – frontal in die Leitplanke, sodass ich quer zum Verkehrsfluss stehend zum Stillstand kam. Ich blockierte somit den Fluss – das fiel mir gleich unmittelbar nach meinem Unfall ein.

Das Faszinierende war, dass meine Engel mir diesen Unfall vorhergesagt hatten und auch, dass ich sofort Helfer an meiner Seite haben würde, was auch der Fall war. Kaum als ich meinen Motor abstellte und zitternd am Lenkrad saß, blieben sofort zwei Autofahrer stehen und halfen mir. Der eine rief die Polizei an und sicherte die Unfallstelle, der zweite sprach mit mir und blieb bei mir, um mich zu beruhigen und die Einsatzkräfte waren auch total schnell da, genauso wie der Abschleppdienst, und so war das Ganze Glück im Unglück, da ich nur allein beteiligt war und außer meinem Schaden an meinem Auto und meinem Schock, niemandem sonst etwas passiert war.

Ich danke Gott und den Engeln, dass ich sofort Helfer zur Seite hatte und der Unfall so glimpflich ausging, denn auch mein materieller Verlust (mein Auto war ein Totalschaden und ich verkaufte es) wurde mir vorhergesagt (einer der Vorteile, wenn man ein hellsichtiges Medium ist), und auch, dass ich alles „verlieren" werde und nachher glücklicher wäre, als jemals zuvor in meinem Leben, und genauso war es.

Ich war am nächsten Tag im Krankenhaus, mich sicherheitshalber untersuchen lassen, doch außer Schock und Prellungen konnte zum Glück nichts festgestellt werden. Als ich jedoch drei Tage später zur Arbeit ging, ging es mir gar nicht gut und ich hatte eine Panikattacke, weshalb mich meine Vorgesetzte wieder nach Hause und zum Arzt schickte und seither bin ich zwar immer noch im Krankenstand, jedoch danke ich für dieses Geschenk der Auszeit, denn der Unfall ermöglichte mir erst, mein Leben komplett zu überdenken und wieder zu meinem wahren Weg und vor allem zu meinem wahren Selbst, zurückzufinden.

Auch wenn ich die ersten vier Wochen ständige Schmerzen litt und fast nichts essen konnte, so fand ich verschiedene Möglichkeiten, den Druck aus meinem Leben abzubauen, der mich erst soweit kommen ließ: Ich legte meinen extrem gut bewerteten Posten dankbar zurück und ließ mich wieder auf die weit niedrigere Stelle einstufen, um jemand anderem die Möglichkeit auf den tollen Posten zu gewähren und mir selbst den Druck, dem ich mich nicht gewachsen fühlte, zu nehmen.

Seither gehe ich regelmäßig zur Psychotherapie (Hypnosetherapie) bzw. unregelmäßig, je nach Bedarf, zur körperlichen Heilbehandlung (Massage, Akupunktur, etc.). Da ich von Anfang an wusste, dass der Unfall nicht der tatsächliche Auslöser für meine Depression und Panikattacken war, sondern nur der „Stupser von oben" war, um endlich zur Ruhe zu kommen, gönne ich mir seither auch professionelle

24

Unterstützung von außen zusätzlich zu meinem täglichen Arbeiten an mir selbst mittels Meditation und so weiter.

Ich finde langsam Schritt für Schritt wieder ins Leben zurück. Ich gehe viel spazieren, verbringe viel Zeit mit Meditation, Lesen, Ruhen, besuche meine Familie regelmäßig, schreibe sehr viel, höre und mache Musik, wenn mir danach ist, treffe meine Freunde, bin auf meinem Weg von der Leuchte zur Erleuchtung und ganz gut unterwegs auf meinem Herzensweg.

Auch wenn meine dritte Beziehung nicht einmal drei Monate dauerte (die erste hielt zwei, die zweite fast sieben Jahre), weil mir bewusst wurde, dass ich doch noch nicht den richtigen Partner an meiner Seite hatte, so danke ich diesem wie seinen Vorgängern für die schöne Zeit und die vielen Lektionen über mich selbst, denn unsere Partner sind immer Spiegelbilder von uns selbst. Wenn uns unser Partner schlecht behandelt, behandeln wir uns eigentlich selbst schlecht, fühlen uns als minderwertig oder nicht liebenswert. Wenn unser Partner unsere Grenzen nicht achtet, dann achten wir selbst unsere Grenzen nicht. Auch wenn es vielen nicht gefällt oder sauer aufstößt (was ja wieder nur eine körperliche Reaktion auf unsere Gefühle ist), es ist wie es ist: Wir haben die Verantwortung für uns selbst in der Hand. Wir leben unser Leben selbst und sind Schöpfer und nicht Opfer! Wir können zwar oftmals nichts dafür, jedoch liegt es an uns selbst die Wahl zu treffen unser Leben anzunehmen und für uns zu kämpfen, oder uns aufzugeben.

Umso mehr wir uns dieser Tatsache wieder bewusstwerden, umso mehr Wunder entfalten und offenbaren sich in unserem Leben! Jede Erfahrung birgt Lektionen für unser persönliches Wachstum in sich, wir müssen nur genau hinsehen und hinhören. Egal was unser Verstand uns vorgaukelt, wir haben immer eine Bauchstimme, die uns warnt, welche wir leichter verstehen, als die Stimme unseres Herzens, da diese viel leiser und sanfter und dadurch anfangs schwieriger für uns zu hören ist, doch wo ein Wille, da ein Weg.

Geduld und der unerschütterliche Glaube an uns selbst, ermöglichen uns einen Weg, der unsere Träume wahr werden lässt.

3. *Glaube*

Gott (oder an wen du auch immer glaubst) will uns nicht bestrafen, er will uns Wunder schenken und uns dabei helfen, unsere Träume zu realisieren, die unser Herz zum Singen bringen und uns von innen heraus erfüllen. Das größte Problem unserer Zeit ist, dass wir glauben, im Außen fündig zu werden! Unser Partner soll uns unsere Sehnsüchte erfüllen, unsere Kinder, unsere Jobs, unsere Kleidung, was auch immer, doch liegt die Wahrheit oft so nah: Nur IN uns werden wir wirklich glücklich, denn wer mit sich selbst und seinem Leben im Einklang ist, der liebt sich selbst, der achtet sich selbst, der ist fähig nicht nur zu lieben, sondern auch Liebe zu empfangen und das ist alles, worum es im Leben geht: Liebe zu schenken und zu empfangen. Gott liebt uns so wie wir sind, egal welche *Fehler* wir unserer Meinung nach haben, er hat uns nach seinem Abbild erschaffen und genauso liebt er uns. Wir alle tragen den göttlichen Funken als Höheres Selbst in uns, in unserer Mitte.

Das Unvernünftigste, das wir tun können, ist, uns einzubilden, wir müssten *gut* oder *perfekt* sein, denn was uns als Kindern eingeimpft wurde, wie wir zu sein haben, hat nichts mit dem wahren Selbst in uns zu tun. Wir sind vollkommen, egal, ob wir diese Hausübung gemacht oder das Butterbrot aufgegessen haben – wir SIND vollkommen, so wie wir sind.

Trennung (etwa durch Ablehnung) findet nur in unseren Köpfen statt! Wir dürfen lernen, dass wir im Herzen alle miteinander verbunden sind, immer und mit allem was ist! Das All-eins-Sein mit Gott bedeutet auch, dass wir Menschen mit allem eins sind. Also auch mit jedem Baum, jedem Tier und mit den „bösen Menschen". Abgrenzung funktioniert einfach nicht. Wir sind immer beides: gut und schlecht, mutig und feig, schwach und stark, liebevoll und kalt, sanft und wütend. Wie innen, so außen.

Wenn ich nur im Außen ständig lieb und nett bin und zu allem Ja und Amen sage, innerlich jedoch koche vor Wut und meine Aggression runterschlucke anstatt sie auszuleben, dann verdränge ich diese Anteile von mir in meinen Schattenbereich und irgendwann einmal, wenn ich zu lange warte, entladen sie sich alle auf einmal und ich schlage jemanden zusammen, brülle jemanden an, verletze mich selbst oder wie auch immer sich diese aufgestauten Emotionen dann entladen.

Wenn ich mir jedoch von diesem Moment an bewusst mache, dass ich immer beides bin, dann nehme ich meine Negativanteile an und hole meine Schatten ins Licht. Sie müssen sich dann nicht irgendwo in mir verstecken und als körperliche Leiden auftreten und sich als chronische Krankheit manifestieren, nur weil ich nicht zu mir stehe, sondern sie sind dann ein Teil von mir, ich bin ganz und bewusst und akzeptiere mich so, wie Gott mich schuf: Vollkommen.

Ich darf fehlbar sein, ich muss nicht perfekt sein, niemand ist das, das ist nur wieder etwas, was uns unser Verstand glauben lassen will, um uns das Leben schwer zu machen. Unser Ego braucht diese Bestätigung von außen, sei es durch materielle Dinge, durch Auszeichnungen, viele verschiedene Sexpartner, Süchte und so weiter. Nehmen wir uns ganz an, dann sehen wir uns so, wie wir sind, nämlich wunderschön und liebenswert. Wir lieben uns dann so sehr selbst, dass wir

28

auch wieder fähig sind, unser Herz nach Verletzungen für andere zu öffnen und diese an unserem Leben teilhaben zu lassen. Wir können wieder am Leben teilnehmen und Glück in uns empfinden und mit anderen teilen! Wir können Zeit mit uns alleine verbringen und haben Spaß daran! Wir brauchen keine Angst vor Einsamkeit zu haben, weil Alleinsein nur Ruhe und Stille bedeutet, Selbstliebe und innerer Frieden, einsam sind wir nur, wenn wir nicht in uns sind, sondern wieder unsere fehlenden Anteile, die eigentlich alle in uns sind, im Außen suchen.

Wer schon einmal das Gefühl hatte, gemeinsam einsam zu sein, der weiß vielleicht, wovon ich spreche. Es kann der perfekteste Partner an unserer Seite sein, wenn wir uns selbst nicht annehmen, kann auch dieser unsere Sehnsucht nach Ganzheit nicht erfüllen! Erst wenn wir uns lieben, kann jemand in unser Leben treten, der auch sich liebt und mit uns gemeinsam träumt und über sich hinauswachsen will. Der uns auch nicht als emotionalen Füller braucht, sondern, der sich selbst schon gefunden hat und bereit ist, unsere Reise zur Erleuchtung/zurück zu Gott gemeinsam mit uns zu gehen, um uns zu begleiten, zu unterstützen, zu fördern und so zu lieben und zu achten, wie wir uns selbst lieben und achten. Erst dann kann wahre Liebe geschehen und sich entfalten. Erst wenn zwei Herzen sich bewusst sind, dass sie zusammengehören, können wir wieder eins werden. Wenn sich zwei „halbe Menschen" zusammentun, dann ist auch die Liebe nur eine halbe unerfüllte Sache!

Eines meiner Tattoos ist eine Rose über dem Herzen mit dem Spruch „amor aeternus", was so viel wie „ewige Liebe" bedeutet. Auch wenn ich die wahre Liebe noch nicht gefunden habe, so weiß ich Dank meiner vielen Seelengefährten, denen ich schon begegnen durfte bzw. auch meinem Dualseelenpartner, der mich spirituell 28 Monate lang begleitete, dass es *den Einen/die Eine* für jeden von uns gibt. Ich gebe die Hoffnung auf die wahre Liebe niemals auf!

Meine Eltern sind in dieser Hinsicht der Beweis für mich, denn als sie sich im Frühjahr 1979 zum ersten Mal sahen, verliebten sie sich, heirateten noch im August 1979 und waren bis zum Tod meines Vaters 17 Jahre lang glücklich verheiratet. Natürlich stritten sie auch wie andere Paare, jedoch wich die Liebe nie aus ihren Herzen, bis heute nicht. Eine meiner schönsten Erinnerungen an meine Eltern als Paar ist, dass sie jedes Jahr zu Silvester Walzer tanzten und meine Mutter ihr Brautkleid dabei trug. Das bedeutet für mich wahre Liebe. Egal was ist, egal was war, die beiden waren immer für einander da.

Die Frage ist nur, ob unsere Seele sich in diesem Leben dafür entschieden hat, den Einen/die Eine zu finden, um sich mit ihm/ihr wieder zu vereinen. Doch auch wenn dies in diesem Leben nicht der Fall sein sollte, so haben wir immer viele Lehrer, Freunde und Gefährten, die uns durch unser Leben hindurch begleiten und Liebe lehren wie auch für uns da sind. Wir sind niemals allein!

Wenn wir unseren Weg mit Gott und den Engeln (oder wem auch immer) gehen, empfangen wir die Gnade in Form von reinster Liebe und was gibt es Schöneres? Wer mit dem Meditieren anfängt, darf nicht verzweifeln, wenn es nicht von Anfang an klappt! Ich selbst brauchte Monate, um selbstständig in die Stille gehen zu können und heute setze ich mich hin, schließe meine Augen, rufe mein Höheres Selbst und bin schon da, doch selbst das gelingt mir nicht immer.

Anfangs fiel es mir leichter geführte Meditationen mit Hilfe von CDs zu machen, da ich so lernte, mich unter Anleitung zu Entspannen. Erst mit der Zeit entwickelte ich meine ganz eigene Methode. Jeder arbeitet anders an sich, die einen fokussieren eine Kerze, die anderen singen sich in Trance, wieder andere trommeln, ich lege oder setze mich hin, konzentriere mich auf meine Atmung und gehe auf meine innere Reise.

Wenn ich eine konkrete Antwort suche, frage ich in meiner Stille meine Geistführerin um Rat, man kann aber auch mit Gott, seinem Schutzengel, einem Geistwesen, aufgestiegenem Meister, Kraft- oder Helfertier, einem Erzengel,… kommunizieren, ganz egal wen du dabei ansprichst, das Wichtigste ist, dass es für dich passt und du Vertrauen hast. Egal was kommt, sei es ein Gefühl, ein inneres Bild, das plötzlich auftaucht, ein Geräusch, was auch immer – mache dir von Anfang an klar, dass alles was in dir geschieht, zu deinem Besten ist. Hast du zu viel Angst, kannst du auch „Stopp" und deinen Helfern sagen, dass du abbrichst, weil du dich unwohl fühlst. DU bestimmst wie weit DU gehst.

Als ich zum Beispiel vor Jahren das Buch von Sabrina Fox „Wie Engel uns lieben" zum ersten Mal las, bekam ich fast einen Herzinfarkt, als ich auf einmal vom Schlafzimmer aus, wo ich lag und las, einen hellen Lichtschein am Gang vorbeihuschen sah – ich saß sekundenschnell aufrecht im Bett und sagte in Gedanken: „Danke lieber Schutzengel, ich weiß jetzt, dass du da bist, aber das Ganze ist mir gerade zu steil!", und weg war er und ich beruhigte mich auch sehr schnell wieder. Wir bestimmen unser Tempo, es ist nur wichtig, sich nicht zu lange gegen sein Naturell zu sträuben, denn umso länger wir uns versuchen davor zu drücken, umso mehr drängt *es* in unser Leben.

Ablehnung erzeugt immer Druck und drückt das Unerwünschte sogar noch intensiver in unser Leben. Zum Beispiel hatte ich mein ganzes Leben lang Probleme mit Mangeldenken. Mein Konto und auch das Verhalten diverser Ex-Lebenspartner spiegelten mir diese Tatsache allzu oft wider. Erst durch meinen zweiten Unfall und dem täglichen Meditieren, Beten, in die Stille gehen, Tagebuch schreiben und Reflektieren, wurde mir bewusst, dass ICH Schöpfer meines Lebens bin.

Die Bücher von Rhonda Byrne „The Secret", Rüdiger Dahlkes „Krankheit als Weg", Pierre Franckhs „Einfach glücklich sein" bzw. Robert Betz' „Raus aus den alten Schuhen" haben mir sehr geholfen, meine Gedanken wieder in die richtige Richtung zu lenken und mir die Augen geöffnet.

4. *Verantwortung übernehmen*

Ich erschaffe mein Leben nach *meinen* Gedanken. Auch, wenn dies bisher mehr oder weniger bewusst geschah, so kann ich mich jetzt dazu entscheiden, mein Leben in vollem Umfang, also mit allem Mangel, mit allen Ängsten, der Umbruchstimmung anzunehmen und dem Universum und Gott für die Lektionen, die diese Erfahrungen mit sich gebracht haben, zu danken und somit meine Vergangenheit anerkennen und sie loslassen, denn auch diese existiert nur mehr in unserem Kopf.

Wir leben jetzt und können uns jede Sekunde für unser Wunschleben nach unserer Vorstellung entscheiden, wir müssen es nur tun!

Wenn wir uns ganz annehmen, können sich die Blockaden in unserem Leben lösen, denn was wir annehmen und bejahen, kann sich verändern und nur dann kann es sich verändern. Verhalten wir uns weiterhin wie bisher, geben unseren Ängsten nach und versuchen den Mangel in unserem Leben zu verdrängen, so haftet dieser nach wie vor an uns, verschlimmert sich, weil wir es zulassen! Wir müssen uns unseren Ängsten stellen und auch unsere Zweifel durchleben, denn erst, wenn wir dies getan haben, können wir uns selbst vertrauen und unser Vertrauen muss tief in uns verwurzelt sein.

Wie können wir anderen vertrauen oder von anderen verlangen, dass sie uns vertrauen, wenn wir uns nicht einmal selbst vertrauen? Wie sollen andere uns lieben, wenn wir unser wahres Selbst hinter einem Haufen Masken verbergen und uns selbst gar nicht kennen?

Meine jetzige Auszeit durch meinen Unfall hat mir vieles klar gemacht und lichten sich nun nach und nach viele Schleier aus der Vergangenheit und mein inneres Licht beginnt wieder im Außen zu erstrahlen und so erhelle ich selbst mein Leben mit meinem Licht.

Meine Mission lautet für mich „Klingendes Herz – Folgen auch Sie dem Ruf Ihres Herzens", denn ich hoffe, dass ich den einen oder anderen mit meinen Worten von Herz zu Herz berühren darf, seine innere Stimme erreiche und somit den Klang seines Herzens ins Bewusstsein zurückrufe. *Gehe deinen Herzensweg, es lohnt sich!*

Egal wie viele Schicksalsschläge oder Hindernisse sich uns in den Weg stellen mögen, wir dürfen nie vergessen, dass wir diese Umstände Großteils selbst (unbewusst) in unser Leben gezogen haben, denn wir haben die Verantwortung für uns, vor allem wie wir damit umgehen. Gott hat für jeden von uns einen Plan und auch wenn wir diesen nicht kennen oder verstehen, so dürfen wir uns in Erinnerung rufen, dass alles was geschieht, dem größeren Ganzen dient und somit einen Sinn hat. Nichts ist umsonst.

Was mir in schwierigen Zeiten, außer Beten, sehr hilft, ist das Bewusstsein, das mir meine Engel vermittelt haben, dass wir immer nur so viel „präsentiert bekommen", wie wir auch tatsächlich verarbeiten können, was so viel heißt wie: Egal wie schwer es auch aussehen mag, wir haben immer das passende Werkzeug dafür um es zu lösen. Jedes Problem birgt auch die Lösung in sich! Natürlich wir auch mal verzweifeln, schreien, weinen, wütend sein, rumplärren, was auch immer uns in unserer (Not-)Situation als notwendig erscheint! Wir müssen uns nicht zensieren, wir dürfen uns ausleben! Jedoch dürfen wir die Hoffnung und den Glauben ans Gute nie verlieren!

Wenn Angst aufkommt, lenke dich nicht ab, sondern setz dich in Ruhe hin und atme tief ein und aus und gestatte deiner Angst jetzt da zu sein. Unsere Gefühle wollen durchlebt und anerkannt leben, auch sie sehnen sich nach Liebe! Das können Emotionen aus unserer frühesten Kindheit sein, an die wir uns vielleicht gar nicht mehr erinnern, und genau deswegen ist es so wichtig, diese nicht mehr zu verdrängen, sondern zu durchleben, sie zu bejahen, denn dann können sie sich auflösen und müssen nicht mit aller Gewalt immer und immer wieder kommen, weil wir sie immer wieder verdrängen und wegschicken und uns letztendlich selbst ablehnen. Hast du zu viel Angst davor, suche dir wie ich einfach einen Therapeuten/eine Therapeutin deines Vertrauens, nimm bitte Hilfe an! Sei es dir wert!

Alles in unserem Leben ist sehr komplex und uns ist so vieles nicht bewusst, mir raucht immer wieder der Kopf, in Momenten der Erleuchtung und Erkenntnis und kann ich mir dann echt ein von Herzen kommendes „Achsoooo!" oftmals nicht verkneifen. Das Tolle ist, dass uns das Leben beschenkt, wenn wir erkennen (mindestens mit Erkenntnis). Die Probleme, die uns vorher belastet haben, lösen sich durch Anerkennung und werden zur Lektion, die wir in Dankbarkeit annehmen können, und somit haben wir eine neue Stufe unseres Bewusstseins erreicht und dürfen uns darüber freuen, dass wir wieder eine Leiter gen Himmel/zu uns selbst geschafft haben.

Umso leichter unsere Gedanken werden, umso einfacher wird unser Leben!

Das mag für viele Zweifler nach „Hokuspokus" klingen oder nach Naivität, jedoch erschaffen unsere Gefühle unsere Gedanken und diese wiederum unser Leben. Wer also denkst du ist glücklicher? Jemand, der sein Leben lang nur mit Maximen wie „Das Leben ist hart und ungerecht.", „Geld macht unglücklich.", „Die anderen haben immer mehr Glück als ich." lebt, oder jemand, der Gedanken hat wie „Mein Leben ist leicht und schön.", „Ich bin dankbar für jeden Tag.", „Ich bin liebenswert und wertvoll.", „Fülle und Gesundheit sind mein Geburtsrecht.", was denkst du?

Ich persönlich arbeite sehr gern mit Affirmationen, nur nenne ich sie – als hellsichtige Hexe – „Zaubersprüche", doch wie auch immer du diese bezeichnen willst, sie helfen uns einfach unsere Gedanken in eine neue Richtung zu lenken, erleichtern uns unser Leben, stimmen uns fröhlicher und machen uns unser Glück bewusst, jeden Tag zum besten unseres Lebens machen zu können.

Meine Zaubersprüche für den Alltag lauten z.B.: „Was mein ist, ist mein und was dein ist, bleibt dein.", was mir helfen soll mich bewusster abzugrenzen, oder „Mein Glaube versetzt Berge.", um mir meiner Kraft als Schöpfer meines Lebens bewusst zu sein, vielleicht sagt dir aber auch „Ich glaube an Liebe, Wunder und Glück, schaue nach vorne und nie mehr zurück.", mehr zu, um deinen Fokus auf das Jetzt und den Moment zu lenken, oder auch „Ich tu' was mir gefällt und verdien' damit mein Geld", um deinem Job/deinem Tun Sinn und Fülle zu geben.

Leg dir doch selbst ein paar eigene *Zaubersprüche* zu, um deine Gedanken auf deine Wünsche und Ziele zu lenken? Ich zum Beispiel glaube an mich und meine Träume, denn meine Träume sind gleichzeitig meine Ziele. Ich kenne Menschen, die zwar Ziele, jedoch keine Träume haben, was ich persönlich traurig finde, denn was macht mehr Spaß, als sich zu überlegen, was man sich wirklich von ganzem Herzen wünscht?

Ich stelle mir seit „The Secret" das Universum wie ein unversiegbares Versandhaus vor, aus dem ich mir bestellen darf, was ich möchte, solang es meinem Herzenswunsch entspricht und mir und anderem zum Besten dient – wünsche ich zum Beispiel jemandem „Die Pest an den Hals.", hat das nichts mit Liebe zu tun! Liebe sollte immer der Hintergedanke beim Wünschen sein. Zum Beispiel wünsche ich mir freie Parkplätze (ja, auch als Beifahrer geht das!), Hilfe bei meiner Selbstverwirklichung, meinen Traummann und so weiter. Der Phantasie sind keine Grenzen gesetzt, denn die Grenzen existieren – mal wieder – nur in unserem Verstand. Das Universum ist unendlich und genauso unendlich ist die Fülle des Universums. Mangel zieht Mangel an, was du fühlst und denkst, ziehst du in dein Leben – das ist das Gesetz der Anziehung.

Das Leben ist oftmals ernst genug, weil wir es ernst nehmen. Was jedoch, wenn wir das Leben als Spiel betrachten? Wenn wir uns unser Traumleben aus dem „Katalog des lieben Universums" zusammen denken und wie Kinder in unserer Phantasie unsere Wünsche bereits Realität werden lassen? Das Glück, die Freude wahrlich fühlen, was uns tief in uns erfüllt und unser Herz singen lässt und genau mit diesen

Gefühlen, ziehen wir das Gewünschte tatsächlich in unser Leben. Ich denke, dass Menschen, die an schweren Krankheiten litten und sich selbst heilten nichts anderes machten, als sich „gesund zu denken". Sie haderten nicht länger mit ihrem Schicksal und gaben sich auf, sondern hofften! Sie glaubten an sich und ihre Heilung und schafften so ihre Rückkehr ins neue bewusstere Leben. Diese Menschen sollten uns allen ein Vorbild sein.

Wir dürfen dabei nur unseren Zweifeln nicht nachgeben. „Lass dein Vertrauen größer sein als deine Angst!" habe ich zum Beispiel als Hintergrundbild auf meinem Laptop, um mir klar zu machen, dass Angst da sein darf, jedoch sollte mein Vertrauen in mich und die Realisierung meiner Träume umso größer sein. Mein Glaube versetzt Berge, also glaube ich an meine Wünsche. Ich meditiere über meine Herzenswünsche, schreibe sie auf und lasse sie in Gedanken los, in dem ich nicht mehr allzu oft darüber nachdenke. Stattdessen träume ich mich in die Situation, in der ich alles bereits an meiner Seite habe, was ich mir wünsche.

Ich träume mich in mein Traumhaus mit japanischem Garten in dem ich sitze und auf meinem Laptop arbeite, weil mein Traumjob mir dies ermöglicht. Meine beiden geliebten Katzen sitzen neben mir und genießen mit mir die Sonne und auch mein Traummann ist im Garten aktiv…

Wie auch immer *dein* Traum aussehen mag, er gehört dir ganz allein, also lass niemandem die Macht über dich, deine Träume als Unfug oder Blödsinn zu deklarieren. Wenn er so denkt, ist das SEINE Angelegenheit und Lebenseinstellung, nicht DEINE! Egal ob du Astronaut, Verkäufer oder Autor werden willst, einen Lottogewinn, deinen Traumpartner, ein Pferd, ein Auto... anziehen willst: Glaub an dich und deine Träume! Dein Leben lebst nur du! Darum bestimm auch nur DU über dich und dein Leben.

Was ich aus meiner Erfahrung sagen kann, ist, dass die meisten Zweifler oder Miesmacher einfach nur Angst davor haben, dass jemand sein Traumleben leben kann, sie jedoch nicht. Dies hängt oftmals mit ihrer eigenen Erfahrung und daraus resultierenden Lebenseinstellung zusammen, doch darüber brauchst du dir keinen Kopf zu machen! Wenn du an dich glaubst, dann kannst du alles erreichen, was du möchtest und solltest du doch scheitern verzweifle nicht, sondern erwäge neue Möglichkeiten und Wege! Vielleicht ist dein Vorhaben noch nicht das Passende für dich und etwas Besseres wartet schon auf dich?

Sei dir selbst ein Vorbild und lebe nur so, wie es tatsächlich deinem Herzen entspricht. Vielleicht kannst du ja dem einen oder anderen Zweifler somit zeigen, dass es doch möglich ist, seine Träume zu leben, wenn man nur daran glaubt. Lass dir von niemandem vorschreiben, wie du zu leben hast. Leb so, wie du es für richtig hältst.

Versuche aber im Gegenzug bitte nicht, anderen deinen Willen oder deine Überzeugung aufzuzwingen, denn das ist ebenso wider die Natur! Du hast die Verantwortung für dich und dein Leben und dabei solltest du es belassen. Wir können andere immer nur ein Stück ihres Weges begleiten, das ist nun einmal der Lauf der Dinge. Darum sollten wir die Zeit, die wir mit unseren Liebsten verbringen dürfen, umso dankbarer und bewusster erleben.

5. *Neue Perspektiven*

Durch Vorfälle wie „Schicksalsschläge" (oder auch Fingerzeig Gottes, die wir durch unser Denken und Handeln oftmals selbst angezogen haben), wird man oft erst einmal Schach mattgesetzt. Man ist starr vor Angst, kann keinen klaren Gedanken fassen, ist verwirrt und braucht vor allem Ruhe, um wieder klar denken und zu sich kommen zu können. Bei mir dauerte das Ganze nach meinem letzten Autounfall vier Wochen, bis ich wieder normal essen und einiger maßen klar denken und fühlen (mich spüren) konnte, und das war erst der Anfang!

Stress wirkt sich bei jedem Menschen anders aus, bei mir meistens als Migräne mit Aura (Schwindel), die nach dem Unfall etwa drei Wochen durchgehend anhielt und in täglichen mehreren Attacken immer wieder auftrat. Zur Migräne mit Aura bekomme ich manchmal auch eine Gastritis dazu, weil ich, wenn ich psychisch massiv gestresst bin, kein Hungergefühl mehr wahrnehme (ich spüre mich nicht mehr) und nur ganz wenig esse, was meinem Magen natürlich gar nicht gefällt und guttut. Nach dem ersten Monat der Schockphase, in der ich lange und viel schlief, regelmäßig spazieren ging und viel Musik hörte, stellte ich mich immer wieder meinen Ängsten und ging alleine einkaufen, fuhr mit den Öffis, um wenigstens für ein paar Stunden meine Familie und Freunde zu sehen und meine Wohnung immer wieder zu verlassen.

Die Panikattacken konnte ich, wenn ich unterwegs Musik hörte, leichter abwehren, da ich so meinen Fokus bei mir halten konnte, als wenn ich die Geräusche und Gespräche rund um mich herum wahrnehmen musste und mich den ganzen

Eindrücken ausgesetzt fühlte. Meine Panikattacken kamen von meiner Sensitivität, die ich normalerweise bewusst steuern kann, jedoch nicht, wenn es mir psychisch sehr schlecht geht. Dann überschwappt mich eine Welle nach der anderen mit den Eindrücken und Emotionen meines Umfeldes, was in einem gut befüllten Bahnhof oder Lebensmittelgeschäft in diesem schlechten Zustand, tatsächlich Panik bei mir auslösen kann.

So kämpfte ich mich Tag für Tag langsam zurück, was jedoch erst der erste Tropfen auf dem heißen Stein war, denn auch die Energiediebe offenbaren sich immer mehr, denn mein Kopf wollte nicht wahrhaben, was mein Herz sehr schnell erkannte: Dass die Beziehung, die ich begonnen hatte, mich mehr von meinem Herzensweg abbrachte, denn hinführte, was mich sehr viel Substanz durch Verdrängung meines Selbst kostete. Mein Ex-Partner konnte nichts dafür, er war wunderbar, so wie er ist, jedoch passte er einfach nicht zu meinem wahren Selbst, weshalb ich in aller Liebe die Beziehung nach nicht einmal drei Monaten beendete und nach zwei Tagen des Reflektierens und Weinens, ging es mir erheblich besser und ich sah mir diese Beziehung objektiv betrachtend an und erkannte, wo meine Fehler in meinem Handeln lagen. Wieder einmal hörte ich auf meinen Kopf, statt auf mein Herz!

Vor lauter Unsicherheit und Energiemangel, lebte ich wieder an mir selbst vorbei und steckte mich so weit zurück, um zu gefallen, dass ich gar nicht mehr ich selbst war, was mir erst durch die Trennung so richtig bewusstwurde. Ich danke für diese wichtige Lektion, an der ich wieder ein Stück wachsen durfte.

In einem Traum in dieser Zeit, wurde ich von einer Energie erfasst (ich hatte zwar Angst, aber empfand diese als neutral) und auf den Kopf gestellt (ähnlich der Tarotkarte „der Gehängte") und dieser neue Blickwinkel ermöglichte mir erst, mein Leben komplett neu zu betrachten.

Ich war nie Opfer anderer, sondern nur meiner eigenen Gedanken und Handlungen. Alle „Arschengel" waren nötig, um die tolle Person zu werden, die ich jetzt bin. „Per aspera ad astra" – „durch Dunkel ins Licht" beschreibt das Leben perfekt, finde ich. Man muss erst einmal die Dunkelheit erleben und durchleben, um sich im Licht wohlzufühlen und zurechtzufinden. Erst durch scheinbare Schicksalsschläge und Irrwege, finden wir zu unserem wahren Selbst und unserem Herzensweg. Wenn wir die Verantwortung für uns übernehmen und uns unserer Gedanken und Gefühle bewusstwerden, liegt die Entscheidung für unser Wohlbefinden einzig und allein bei UNS!

Niemand zwingt uns dazu, nicht einmal Gott selbst greift in unseren freien Willen ein, doch freut er sich umso mehr, wenn wir unsere Herzensstimme wieder erhören und ihr vor allem zuhören, denn unsere innere Stimme/Intuition ist die Stimme Gottes. Die göttliche Quelle der Schöpfung liegt mitten in uns, wir brauchen nicht immer im Außen danach zu suchen! Stell dir die Frage: „Was brauche ich wirklich?" und fühle in dich hinein. Spüre dich in deine Mitte der Brust, wo dein feinstoffliches Herzzentrum liegt und lasse dich auf die Kommunikation mit deinem Herzen, deinem wahren Selbst ein.

Hab keine Angst und verzweifle nicht, wenn es etwas dauert, bis du tatsächlich etwas hörst in deinen Gedanken. Vielleicht nimmst du auch Gefühle war, oder siehst sogar Bilder vor deinem inneren Auge, auf jeden Fall bekommst du eine Antwort von Gott und den Engeln, denn unsere innere Stimme ist die Stimme der göttlichen Quelle und somit sollte uns spätestens jetzt klar sein, dass unser Herz unseren Weg kennt und uns zurück nach Hause zu Gott führt, wenn wir es zulassen und uns voll Vertrauen darauf einlassen.

Natürlich macht es uns Angst unser Leben neu zu betrachten! Auf einmal wird einem bewusst, dass man für ALLES, was einem passiert ist bisher, die Verantwortung übernehmen MUSS, weil wir uns unser Leben selbst erschaffen haben. Alle Krankheiten, Unfälle, Verluste von unseren Liebsten haben einen Sinn! All dies ist wichtig, um zu lernen! Dass das Leben wichtig und einzigartig und ein Geschenk ist. Dass wir unser Leben nicht vergeuden sollten indem wir Dinge tun, die unser Herz erschweren und traumatisieren und unsere Lebensfreude damit verwirken.

Wir dürfen/sollen fröhlich sein, Spaß haben, Lachen, Tanzen, Singen, Küssen, Lieben, Feiern und uns am Leben und an unserem Dasein erfreuen, denn wir sind ein Geschenk für uns selbst und für andere.

Gott selbst will, dass wir glücklich sind und all unsere Wünsche erfüllt werden, es liegt an UNS die Wahrheit zu erkennen und für uns die Verantwortung zu übernehmen! Umso mehr wir uns unseren Ängsten stellen, umso mehr wächst unser Vertrauen und somit finden wir Schritt für Schritt wieder zurück zu unserem wahren Selbst, das eins ist mit Gott und allem was ist.

Wir kommen nach Hause zurück und können unser Leben der Liebe widmen und Fülle in allen Bereichen unseres Lebens ernten. Wir haben es verdient, wir sind es wert, wir sind Kinder Gottes und der Liebe, wir sind Schöpfer und dürfen Gutes tun und Liebe ernten! Wir dürfen geben UND empfangen. Wir müssen uns nicht in unliebsamen Beziehungen verstecken und leiden! Wir müssen nicht ewig unserem unpassenden Job nachgehen! Wir müssen nicht auf ewig im Mangel leben!

Jede Reise beginnt mit dem ersten Schritt und für uns heißt das: „Wenn dein Leben nicht deinen Wünschen entspricht, dann ändere deine Gedanken!". Werde dir deiner Gedanken und Gefühle bewusst und achte dich! Liebe dich, lebe dich und atme dich! Lass dich tragen vom Fluss des Lebens und folge dem Ruf deines Herzens, es leitet dich zu deinem Traumleben und somit zu deinen Zielen.

Überleg dir genau, was du dir wirklich von Herzen wünschst. Meditiere darüber und wenn du es herausgefunden hast, schreibe es auf oder zeichne es, male es dir in Gedanken aus, wie dein Traumleben aussieht. Was fühlst du? Was riechst du? Was machst du? Wie verbringst du deinen Tag? Spiele fröhlich und freien Herzens ohne zu urteilen und sei wieder Kind. Belebe dein inneres Kind in dir, es möchte mit dir spielen! Es möchte deine Liebe und Aufmerksamkeit, es möchte nicht immer nur ernst sein und Angst haben, es will umarmt, zärtlich angesprochen und an die Hand genommen werden. Widme dich deinem Mädchen/Jungen in dir und gewinne wieder die Leichtigkeit. Sei frei wie ein Schmetterling und lasse dich vom Leben tragen. Bewundere dabei die Blumen, genieße den blauen Himmel und erfreue dich an deinem Dasein und an der Natur selbst.

Das Leben IST schön, vergiss Sätze wie „Das Leben schwer und ungerecht." Was wir denken, senden wir aus und ernten wir letztendlich auch, also wandle all deine negativen Gedanken in positive Gebete oder Affirmationen um, und spüre die Erleichterung in deinem Herzen. Angst und Wut engt ein, Liebe weitet dein Herz und bringt dich wieder zum Strahlen. Sei ein Licht für dich und andere, verlasse die Dunkelheit und genieße die Sonne/das Licht – du hast es dir verdient!

Was mir besonders gut geholfen hat, war die Information meiner Psychotherapeutin, dass eine Panikattacke physiologisch gesehen ein bis max. zwei Minuten dauert – vor zwei Wochen ging es mir besonders schlecht - ich hatte vormittags fast eine Panikattacke und nachmittags durch einen Unfall unter meinem Fenster dann tatsächlich eine – und durchlebte diesen Zustand fast sieben Stunden lang! Nun kann man sich vorstellen, was da gedanklich bei mir ablief.

Auslöser (Knall durch Unfall) – Wirkung (Panikattacke) – Auswirkung (Gedankenkarussell) – Ergebnis (stundenlange Angstzustände). Doch durch dieses Wissen, dass alles, warum es mir dermaßen schlecht ging, meine eigenen Gedanken waren, dachte ich um und nutzte dieses Wissen, um meine Gedanken bewusst in eine positive Richtung zu lenken, und siehe da – trotz immer wiederkehrenden Stresssituationen gerate ich nicht mehr in Panik.

Auch wenn ich mich im ersten Moment unwohl fühle, zittere und erst mal alles in mir „Panik" ruft, gehe ich nicht mehr darauf ein. Ich atme tief durch, setze mich hin, klopfe eventuell die Thymusdrüse in der Mitte der Brust und sage mir Dinge vor wie „Alles ist gut so wie es ist.", „Alles wird gut.", „Mir geht es gut, ich bin Schöpfer und habe die Macht über mich und meine Gedanken.", was mir auch gerade in diesem Moment einfällt, und steige bewusst von dem Gedankenpferd „Stress, Panik" ab und setze mich auf mein Gefühlspferd „Alles ist gut.".

Das ist nur eine Möglichkeit mit Stress oder Panik umzugehen, jeder von uns kennt die beste Möglichkeit um Ruhe zu bewahren und sich runter zu holen, oder – falls du das noch nicht herausgefunden hast – bitte deine Engel/geistigen Helfer, das Passende für dich zu finden und lausche auf deine innere Stimme. Vielleicht fällt dir ein Buchtitel auf, ein Lied ein, das du besonders magst (ich singe zum Beispiel, wenn ich Angst habe, um mich auf etwas, das ich mag zu fokussieren oder drehe Musik auf und mache das Licht an, falls es in der Nacht ist). Vertraue darauf, dass es auch für dich eine tolle Lösungsmöglichkeit gibt, die dir hilft.

Vertrauen ist das Wichtigste an dem Ganzen. Verdränge deine Angst/Wut/etc. nicht, sondern durchatme sie und versuche sie dir anzusehen, aber lass dich nicht auf einen Kampf mit deinen Gefühlen ein. Lenke sie lieber in Gedanken auf Liebe. Liebe ist die stärkste Macht, die wir zur Verfügung haben bzw. die es überhaupt gibt (sagt mein Herz mir). Wenn du mir nicht glaubst, stell dir die einfache Frage: „Macht mich … glücklich?" – es dauert keine zehn Sekunden bis der

Impuls „ja" oder „nein" kommt und das meine Lieben ist eure Intuition.

Unser Herz *weiß*, unser Verstand denkt es zu wissen. Die Wahrheit unseres Herzens hat wenig mit unserem Verstand zu tun. Noch bevor wir uns in Zweifel *zerdenken* oder ablenken können, *weiß* unser Herz bereits, ob uns diese oder jene Person, Situation, etc. guttut und uns zu unserer Lebensaufgabe und unserem Herzensweg führt oder davon abbringt. Vertrau deinen Gedanken, doch deinem Herzen/deinen Gefühlen noch mehr. Die Kombination aus beidem ist unsere Wahrheit. Wie immer ist es die Mitte, die uns innere Balance verschafft.

Du kannst zum Beispiel nicht nur gut sein, du bist immer auch böse. Akzeptiere deine Dualität, denn sie macht dich aus. Hör auf zu denken, du seist schlecht oder minderwertig, weil du dies oder jenes getan hättest – verurteile dich nicht länger, denn dadurch unterbrichst du nur den Fluss der Liebe und des Lebens und hältst dich selber von der Freude und deinem Traumleben ab.

Akzeptiere was ist, lasse los was war und erfreue dich an dir und deinem Dasein.

Richte deinen Fokus auf das Wesentliche und lasse das Unwesentliche hinter dir. Lasse los, was nicht mehr zu dir passt. Verlasse deine alten Grenzen und setze dich darüber hinweg. Gehe deinen Weg und beginne dich zu leben. Hör auf anderen entsprechen und gefallen zu wollen, denn so wie du bist, bist du wunderbar. Du bist einzigartig und ein Wunder, darum zeige ruhig dein Licht der Welt, denn sie braucht dich! Wir alle haben eine Aufgabe in diesem Leben zu erfüllen und darum sollten wir unseren Fokus von Unliebe, Selbstverurteilung und Mangel auf Liebe und den Wunsch Gott zu dienen, indem wir Gutes für uns und andere tun, und somit dem großen Ganzen und einer besseren Welt dienen.

Wir alle haben ein Leben in Würde, Liebe, Fülle und Glück verdient! Wir brauchen nicht die Bürde und Lasten anderer zu tragen, nur unser eigenes Leben müssen wir leben, oder anders gesagt: Wir dürfen unsere Träume leben und realisieren. Wir dürfen uns an unserem Dasein erfreuen und unsere Freude und Liebe mit anderen teilen und somit Liebe vervielfältigen. Freude und Glück vermehren sich, wenn man es mit anderen teilt, darum liebe als wärst du noch nie verletzt worden, singe, als würde dich niemand hören, tanze, als würde dir keiner zusehen und glaube an deine Träume, egal was andere dazu sagen! Sei ein Vorbild für dich und andere und inspiriere sie. Denke um und verändere deine Welt und hilf anderen – vorausgesetzt sie wollen es auch – es dir gleich zu tun. Sei Liebe und empfange Liebe. Lebe dein Licht und trage es hinaus in die Welt und ernte die Wunder, die Gott und das Universum für dich bereithalten.

Sei es dir wert!

6. *Wahre Liebe*

Kennst du die Liebe? Weißt du was Liebe ist? Kannst du sie anfassen oder in Worte fassen? Definieren? Hast du deine große Liebe schon gefunden? Hast du sie schon verloren oder aufgeben bzw. sie gehen lassen müssen? Kannst du lieben? Erlaubst du dir zu lieben und geliebt zu werden?

Die Liebe ist ein Thema, welches die Menschheit wohl schon beschäftigt, seit es die Menschheit gibt. Egal ob unter Tieren oder Menschen, die Liebe ist allgegenwärtig. Sie ist das unsichtbare und doch starke und unzerstörbare Band, welches Leben erst ermöglicht! Nur durch Liebe und Anziehung entsteht Leben!

Ich denke, dass Mutterliebe das bedingungsloseste Beispiel der Liebe ist. Aus Liebe entsteht Nähe, aus Zweisamkeit wir Eins-Sein, aus dem Vereinigen entsteht Leben, aus entstandenem Leben wächst das Band der Liebe und diese Liebe erblickt das Licht der Welt und kommt aus einer Welt, in der alles reine Liebe ist. Ich denke, dass wir Seelen uns das nächste Menschenleben aussuchen, welches unserer Seele am meisten Erfahrung bringen kann, um zu wachsen und zu gedeihen und immer steht die Liebe im Mittelpunkt und sollte auch im Vordergrund stehen.

Wer verlernt hat zu lieben, hat vergessen zu leben!

Wem es schon als Kind an Liebe mangelte, der wird es auch später im Leben schwer haben sich zu öffnen und Anderen Vertrauen zu schenken. Denke man an Vergewaltigungsopfer und daraus resultierenden Kindern, an misshandelte Kinder, an beeinträchtigte Kinder… sie alle haben ein schweres

Los gezogen und doch ist ihr Leben nicht „umsonst", nichts ist umsonst! Auch, wenn diese Menschen mehr kämpfen müssen im Leben als andere, so haben auch sie die Chance Liebe zu erlernen und weiterzugeben, um das Opferdasein gegen Liebe zu tauschen.

Wenn Kinder in einem negativen Umfeld großgeworden sind, in dem es weder an Gewalt, Sucht noch Überlebenskampf mangelte, so können diese Menschen, wenn sie es schaffen, ihren Kindern später die Liebe zu Teil werden lassen, nach der sie sich so stark gesehnt haben. Geben statt zu nehmen. Vielleicht ist es ihnen irgendwann einmal möglich, ihren Tätern zu vergeben, um ihre Opferrolle somit abzustreifen und wenigstens ab dann ein Leben zu leben, welches ihrer wahren Natur entspricht, denn ich bin davon überzeugt, dass niemand sich etwas sehnlicher wünscht als lieben zu können und geliebt zu werden.

Jeder möchte im Arm gehalten werden und sich beschützt wissen und das in jedem Alter und in jeder Lebenslage! Menschen, die anderen Böses antun, tun dies selbst nur aus einem Mangel an Liebe und Selbstliebe! Vielleicht wurden sie selbst als Kinder in eine lieblose und gewaltorientierte Welt hineingeboren und verbergen ihre tragische Geschichte unter einer Maske aus Härte und Brutalität. Das soll jetzt keine Verharmlosung oder Entschuldigung sein, sondern nur eine Möglichkeit, für einen neuen Blickwinkel und Denkansatz.

Wir können nicht alles in unserem Leben immer so ändern wie wir es gerne wollen, jedoch haben wir die Freiheit und Macht, unsere Einstellung entsprechend unseren Wünschen zu ändern. Wir sollten Ziele haben und diese verfolgen. Doch nicht starr und auf Biegen und Brechen, denn Gewalt erzeugt Druck und Druck nur Gegendruck. Jedoch können wir unsere Ziele im Auge behalten und dabei flexibel unseren Weg offenen Herzens und mit geöffneten Augen gehen, um alle Möglichkeiten und Wunder zu bemerken und uns die beste Lösung für uns mit unserem Herzen heraussuchen.

Glück entsteht - wie auch Freiheit - in uns. In einer Welt voller Normen und Regeln sowie Gesetzen und Richtlinien, ist es umso wichtiger, im Herzen und im Geiste frei zu sein. Frei zu handeln, wonach es einem beliebt, im Hinblick auf das große Ganze und mit Liebe im Herzen. Liebe wertet nicht, Liebe ist. Sie ist unser Wegweiser in allen Lebenslagen und allen Bereichen. Wenn wir der Stimme der Angst lauschen und folgen, kommen wir nur von unserem Weg ab. Erst ein bisschen, nach einer Weile jedoch merklich, bis ein „Rums von oben" kommt und uns aufmerksam macht, wieder den für uns richtigen Weg bewusst zu wählen und neu einzuschlagen.

Äußere Umstände oder andere Menschen kann ich nicht ändern, das wäre ja, als würde ich dem Schicksal und dem lieben Gott ein Drehbuch vorlegen, weil ich ihnen nicht vertraue, dass sie meine Erwartungen gemäß meinen Vorstellungen erfüllen. Was wäre jedoch, wenn „die da oben" eine viel bessere und geradezu himmlisch perfekte Lösung für uns orchestrieren und wir uns selber blockieren, weil wir nur starr auf den von uns erdachten Lösungsweg blicken, obwohl dieser vielleicht schwieriger oder sogar unmöglich ist? Wäre es nicht besser, unsere Ängste loszulassen, unsere Wünsche zu fokussieren und Gott zu vertrauen, dass er uns den besten und einfachsten Weg zu unseren Zielen zeigt, dem wir dann via Ruf unseres Herzens folgen können?

Anders ausgedrückt: Wozu immer Kämpfen, wenn es auch einen sanften Weg gibt? Die entscheidende Frage hierzu ist eventuell: Fühlst du dich wohler, wenn du kämpfst, oder du deine Situation ganz annimmst und vertraust, dass alles in Heilung ist und die Lösung bereits in Auftrag gegeben wurde? Denkst du nicht auch, dass du oft zu viel denkst? Und hast du nicht auch manchmal Kopf- oder Magenschmerzen vom zu vielen Nachdenken, weil dadurch nur Sorgen und Ängste entstehen, die in der Realität gar nicht existieren, jedoch dir nachts den Schlaf rauben und dir tagsüber deine Gedanken trüben?

Werde dir deiner Gedanken und Gefühle mehr bewusst und achte gut auf dich und deine Denkweise, denn sie erschaffen deine Realität. Höre auf gegen Wände in Form deiner Mitmenschen (Partner, Eltern, Chefs, Freunde, …) zu laufen oder zu reden und lass jedem die Freiheit sein Leben selbst zu gestalten. Höre auf Windmühlenkämpfe zu führen, die ins Leere gehen und besinne dich stattdessen auf Selbstliebe. Fokussiere dich und deine Wünsche und lasse auch anderen den Freiraum, den ihre Wünsche beanspruchen. Sage deine Meinung, aber tu dies bitte von Herzen und nicht von deinem Ego gesteuert, da dies meist in einem Rosenkrieg endet, der nur Energie kostet und verschwendet und selten bis gar nie zu Lösungen führt.

Sei dir bewusst, wann es um deine oder fremde Emotionen und Probleme geht und achte immer zuerst auf dich. Ich weiß, dass wir gelernt haben, dass man das „nicht soll oder darf", jedoch sollte uns inzwischen klar sein, dass ich erst auf mich Acht geben muss, ehe ich anderen helfe, wie auch unser Herz sich zuerst selbst versorgt, ehe es den Rest unseres

Körpers mit frischem Blut versorgt. Wenn wir unser Herz zu unserer Zentrale bestimmen, dann fühlen wir Erleichterung. Wir sehen nach und nach hinter unsere eigens auferlegten Masken und können mit Hilfe von Vertrauen und Selbstliebe die vielen Schichten um uns herum ablegen und uns der Welt nackt und verletzlich zeigen, so wie wir wirklich sind. Lieben und vertrauen wir, haben wir keinen Grund mehr uns zu verstecken und zu schützen! Ein offenes Herz ist dein bester Schutz!

Wenn wir uns von unserem Herzen leiten und führen lassen und uns auf Liebe fokussieren, dann werden alle Kämpfe sinnlos, denn die Liebe wertet nicht. Sie unterscheidet nicht zwischen Gut und Böse, Recht und Unrecht. Die Liebe erfasst den jeweiligen Moment neutral und achtsam. Was du daraus machst oder damit anfängst, obliegt ganz dir und deiner Aufmerksamkeit sowie deinen Gedanken. Denkst du von vornherein negativ und hast Vorurteile, sagst du automatisch dem lieben Universum, dass du nicht vertraust/Angst hast und das Universum antwortet dir prompt: „Dein Wunsch ist mir Befehl!", und schickt dir jede Menge Gründe noch mehr Angst und negative Gedanken zu haben.

Es ist ein Kreislauf, aus dem nur DU ausbrechen kannst, indem du dir deiner Gedanken(kraft) bewusst wirst/bist und deine Gedanken zu deinem Vorteil einsetzt. Du kannst weder die Vergangenheit noch die Zukunft beeinflussen, obwohl dein Verstand sich die ganze Zeit über damit beschäftigt. Du kannst nur dein Jetzt beeinflussen! Jetzt kannst du dich entscheiden wie du deinem Leben einen Sinn verleihen möchtest und kannst.

Mögest du noch so einen undankbaren Job haben, kannst du dich zum Beispiel für positives Denken und Handeln avancieren und anderen damit ein Vorbild sein. Wenn du ein Vorgesetzter bist, kannst du deine Untergebenen mit Respekt, Achtung behandeln und loben bzw. lösungsorientiert im Team arbeiten anstatt Einzelkämpfer und Intrigen zu züchten. Du hast es in der Hand, wie du dein Leben lebst und ob es für dich einen Sinn hat, oder nicht.

Bist du unzufrieden, ändere es. Kannst du es nicht ändern, lasse es los und ändere deine Einstellung dazu und vertraue, dass dir geholfen wird. Wir sind nicht allein und können uns immer der Hilfe „von oben" gewiss sein, wir müssen nur vertrauen und unserem Herzen folgen. Wie gesagt musst du an nichts glauben, jedoch kann ich dir eines von ganzem Herzen sagen: Erst seit ich wieder zu meinem Glauben an Gott (nicht die katholische Kirche, diese widerspricht meinem Herzen in zu vielen Dingen…) und das Universum und vor allem an die Liebe zurückgefunden habe, lebe ich wieder. Ich atme freier und lebe bewusster. Auch wenn das Leben immer wieder eine Herausforderung und ein *Kampf* ist, so lebt es sich doch leichter in der Gewissheit, dass es „da oben" jemanden oder etwas gibt, dass auf unserer Seite ist und uns so liebt und annimmt, wie wir sind. Mir persönlich gefällt der Spruch: „Wenn das Leben dir eine Zitrone gibt, frage nach Salz und Tequila!", soll wohl so viel heißen wie: Egal was kommt, verliere deinen Glauben an dich selbst nicht und sehe in jeder noch so schwierigen Lage das Positive. Lebe anstatt zu leiden!

Feiere das Leben und dein Dasein, sei dir gewiss, dass du ein Geschenk bist für dich und andere, und dass du – wie jeder

54

andere auch – Glück, Liebe und Wohlstand verdienst. Sei dir deiner inneren Kraft und mentalen Stärke bewusst. Leide nicht mehr wie damals als Kind, als du anderen und der Meinung anderer über dich hilflos ausgeliefert warst. Stell dich hin, richte dich zu deiner wahren Größe auf und frage dein Herz, was du tun sollst. Es antwortet dir immer. Die Stimme des Herzens ist viel tiefer als das helle Geplapper unseres Verstandes. Sie ist ruhig und weise, sie weiß. Vertraue ihr und du wirst Glück und Zuversicht erleben. Fürchtest du dich, dann bete und besinne dich wieder auf deine Ziele und Träume. Gib dich und deine Träume nicht auf, lebe dein Leben nach deinen Vorstellungen und Wünschen mit deinem Fokus auf Liebe und Dienen ausgerichtet.

Niemand hat das Recht, dir zu sagen wie du sein sollst, was du tun sollst und was du unterlassen sollst (außer der Gesetzgeber natürlich bis zu einem gewissen Rahmen). DU allein entscheidest über dein Leben. Ich lasse mich neuerdings durch meinen Zauberspruch leiten, der da lautet: „Ich tu' was mir gefällt, und verdien' damit mein Geld.", soll heißen: Tue, was du liebst und du musst nie wieder arbeiten!

Folge deiner Sehnsucht! Was möchtest du tun? Ein Bild malen? Ein Buch schreiben? Ein Instrument lernen? In einer Band oder einem Chor singen? Tanzen? Theater spielen? Bitte frage dein Herz, wonach es sich sehnt und fange unverzüglich an, Schritte in deine Richtung einzuleiten, indem du dir Zeit nimmst und malst, schreibst, liest, tanzt, was auch immer du magst. Suche dir Kurse, in denen du deine Leidenschaften ausleben kannst, informiere dich über eine Umschulung oder Ausbildung, wenn du deinen Job ändern möchtest, glaube an dich und höre nicht auf die, die dir sagen, dass deine Träume nix wert seien – diese haben vergessen, dass sie selbst Wunder der Liebe sind und treiben weiter im Ozean des Opferdaseins, während du erwacht bist aus deinem Tiefschlaf der Opferhaltung und nun mit deiner Schutzweste, die die ganze Zeit neben dir lag und auf dich wartete, den Teich der Tränen zu verlassen, um neue Ufer anzusteuern und neues Land zu entdecken.

Erfreue dich am Leben selbst und genieße es, Schöpfer zu sein. Hast du Angst vor deiner Macht? Guck dir den Walt Disney Film „Die Eiskönigin" an und lese die Botschaft zwischen den Zeilen. Auch die Hauptprotagonistin in dem Film hat eine Gabe, die anderen Angst macht, weshalb sie sie mehr oder minder zwingen, diese Kraft zu unterdrücken und zu verbergen, da die Eltern selbst Angst davor haben, jedoch kommt es wie es kommen muss und durch emotionales Ungleichgewicht offenbart sich ihre Kraft vor den Augen aller, die sie sofort als Monster beschimpfen und hinfort jagen, doch die Flucht ist erst der Anfang für sie, denn in der Einsamkeit erbaut sie sich ihr Reich und lebt die Schönheit ihrer Gabe aus, sie entfaltet sich zum ersten Mal ohne Grenzen, sie lebt ihr wahres Ich. Erst als sie durch Wut in Unruhe versetzt wird, droht alles außer Kontrolle zu geraten, jedoch in einem Moment der Lebensgefahr, wirft ihre Schwester sich in bedingungsloser Liebe vor sie, um sie vor dem sicheren Tod zu retten…

Die Kernaussage dieses Films, wie auch vieler anderer: Die Liebe ist die stärkste Kraft im Universum und darum sollten wir wohlbesonnen mit ihr umgehen und sie hegen und pflegen, um sie gedeihen und ihre wahre Schönheit entfalten zu lassen. Die Liebe ist unser Antrieb, unsere einzige Motivation im Leben. Wer nach Liebe strebt, wird Schönheit erfahren und Wärme und Anmut und diese auch ausstrahlen sowie anziehen. Das Licht der Liebe schlummert in jedem von uns. Rufe es jetzt an, erwecke es zu neuem Leben, umarme dich selbst und sage dir (still oder laut), dass du dich liebst und froh bist, dass du da bist. Du bist dankbar für dich und die Liebe, die dich durchströmt und umgibt, sie ist dein Fokus.

Säe Liebe und ernte Wunder!

7. *Achte dich selbst*

Kennst du das Gefühl, dass du – ausgelöst in einer Situation, durch einen bestimmten Menschen, einem bestimmten Gedanken – total gegen deine Natur lebst? Dass dein Körper sich geradezu vehement gegen deine aktuelle Situation wehrt, weil dein Herz schon lange den Schritt hinfort wagen möchte? Ich kenne dieses Gefühl sehr gut und *kämpfe* seit längerem immer wieder mit mir selbst, weil ich weiß, dass ich etwas ändern will, doch nicht weiß wie! Das „wie" beschäftigt in erster Linie mal wieder nur unseren lieben Verstand und dieser umschwirrt uns dann mit Erfahrungen aus der Vergangenheit sowie Ängsten über die Zukunft. Doch was ist jetzt?

Ich weiß, wonach mein Herz sich sehnt, mir fehlt nur die Klarheit, meinen Weg zu erkennen, doch vielleicht ist das auch gar nicht nötig? Meine Engel sagen mir, dass es auch für mich am Ende des Tunnels ein Licht gibt, das schon jetzt hell für mich leuchtet, ich solle nur vertrauen und meinem Herzen folgen.

So traue ich meiner Intuition und folge dem Rat aus dem Buch „Hero" von Rhona Byrne, meinem Glück. Meine geistigen Helfer teilen mir schon länger die Botschaft mit, dass ich tun soll, was mich glücklich macht – und das jeden Tag! Ich solle meinen Tag so gestalten, wie ich mir mein Traumleben wünsche. Also meditiere ich täglich wie immer vor dem Aufstehen, tagsüber gehe ich spazieren, lese, schreibe, blogge, reflektiere und affirmiere, was ich mir von Herzen wünsche, um meine Ziele zu erreichen bzw. stelle ich mir immer

58

wieder in Tagträumen oder Meditationen vor, wie es wäre, wenn ich schon alles erreicht hätte.

Mein Herz singt vor Freude, wenn ich dies tue und hebt sich meine Stimmung sofort! Statt den Gedanken der Angst zu folgen, folge ich der Stimme der Liebe. Ich höre Musik, singe, tanze während dem Kochen (zumindest wackle ich mit dem Hintern rhythmisch durch die Küche) und tue, wonach es meinem Herzen verlangt. Tust du das, was du wirklich tun willst, erfüllst du selbst dein ganzes Sein mit Freude, du hast es in der Hand! Ich weiß, dass das mit 40 Stunden Job, einer Familie, als AlleinerzieherIn etc. nicht einfach ist, doch solltest du dir mindestens eine Stunde am Tag Zeit für dich nehmen und dem nachgehen, was dich glücklich macht.

Sei es im Garten sitzen und ein Buch lesen, eine heiße Badewanne oder Dusche genießen, dich hinlegen und auf Gedankenreise begeben... was auch immer dir Freude macht – bitte tu es! Und tu dies regelmäßig, um dein Energielevel wieder auf 100 % zu bringen und auch zu halten.

Das Problem heutzutage ist, dass man sich so sehr zerreißt mit Job, Familie, Freizeit, dass einem der innere Druck so sehr stresst, dass man sich dringendst ein Ventil/ein Hobby suchen und praktizieren sollte, um so wieder Ausgleich und innere Balance zu erschaffen. Was bringt es, ständig unter Druck zu stehen und sich nicht auch davon zu lösen? Einen Handyakku lädst du ja auch wieder auf, wenn er leer wird, oder tankst dein Auto, wenn der Sprit alle ist, oder? Warum also lädst du deine Batterien viel zu selten oder tankst wieder Treibstoff/Energie?

Sich der Angst stellen und seinen wahren Herzenswunsch zu leben klingt vermutlich schwieriger als es de facto ist, und doch fällt es mir selber so schwer, diese Grenze der Ungewissheit zu überschreiten. Ich will seit meiner Kindheit einen Job, in dem ich als Heilerin mit Worten und meinen Händen arbeiten kann. Ich liebe es, andere zu unterstützen, Tiere zu behandeln und zu begleiten, jemanden zu Massieren oder mit Reiki zu behandeln, zu Schreiben/Bloggen... Und doch hält mich etwas ab, einfach meinen mich nicht mehr erfüllenden sicheren Job im öffentlichen Dienst zu kündigen, um endlich frei zu sein, doch warum ist das so bzw. was genau ist das wirklich?

Hätte ich (sagt mein Kopf) die finanzielle Sicherheit, dass ich jetzt und immerdar versorgt werde, würde ich sofort kündigen. Tja, meine Engel sagen mir das schon seit Längerem und doch habe ich Angst und kann (noch nicht ganz) vertrauen. Ich habe immer wieder in meinem Leben unpassende Jobs gekündigt (meine erste Lehrstelle, ein paar andere Lehrstellen habe ich abgelehnt, weil ich gefühlt habe, dass sie nicht für mich geeignet sind), doch hatte ich damals keine Fixkosten wie heute.

Jetzt hab ich eine eigene Wohnung, mache meine Ausbildung, die ich monatlich abbezahle, gönne mir wöchentlich meine Hypnosetherapie und bei Bedarf auch körperliche Behandlungen wie Massage oder Akupunktur, einfach, weil es mir gut tut und ich es mir wert bin, jedoch wollen all diese mich bei meiner Heilung unterstützenden Dinge natürlich auch bezahlt werden – ich nehme die Leistung in Anspruch und gebe als energetischen Ausgleich mein Geld dafür an den mich Behandelnden.

Mein Kontostand spiegelt mir schon sehr, sehr lange Zeit meine Angst vor Fülle, also meinen Mangel, mittels roten Zahlen wider. Selbst wenn ich es in all den Jahren, seit ich arbeiten gehe, immer wieder schaffte, mein Konto ins Plus zu bringen, war ich kurze Zeit später wieder mit demselben Kontostand im Minus wie vorher. Ich frage mich warum das so ist? Schätze ich mich selbst nicht? Liebe ich mich selbst nicht? Erlaube ich es mir vielleicht selbst nicht in Fülle zu leben? Blockiere ich den universellen Fluss unbewusst absichtlich? Habe ich das Gefühl, ich darf das nicht?

In erster Linie zeigt mir mein Kontostand sehr deutlich meine Minderwertigkeitsgefühle auf, die ich seit ich denken kann mit mir rumschleppe. Ich sehe keine Sinnhaftigkeit in meiner Arbeit! Meine Tätigkeit erfüllt mich nicht und bringt mein Herz auch nicht zum Singen! Man soll seinem Leben einen Sinn verleihen, also wollte und versuche ich auch seit Jahren immer wieder, meiner Tätigkeit Sinn zu verleihen, doch ich scheitere immer wieder kläglich beim Versuch, mir selbst etwas vorzumachen, weil mein Herz es mir sehr deutlich sagt.

Was also tun?

Meine Fühler strecke ich in alle möglichen Richtungen aus, die mein Herz mir andeutet: Ich mache die Ausbildung zur „Dipl. Energetikerin nach TCM und innerer Balance", demnächst habe ich einen Termin bei einer Wohltätigkeitsverein um mich zu informieren betreffend einer ehrenamtlichen Aufgabe, ich besuche in nächster Zeit einen Gründerinfotag der Wirtschaftskammer, um mich mehr über das Thema „Selbstständigkeit" und „Unternehmensgründung" zu informieren,... Ich mache, um meine Energien in die richtige

Richtung zu lenken und so meinen Zielen Schritt für Schritt näher zu kommen.

Oftmals reicht es ja auch schon aus, wenn man seine innere Einstellung bezüglich seiner Situation ändert, jedoch schaffe ich es einfach nicht! Es ist die Angst vor dem Ungewissen, die mich blockiert – also blockiere ich mich selber aus Angst vor der Ungewissheit. Zu vertrauen fällt mir nicht immer leicht. Man wurde oft verletzt, enttäuscht, verlassen, gekränkt etc., das ist alles noch sehr lebhaft in uns. Doch was nun? Einfach weiter am Leben vorbeileben und leiden? Ne, danke!

Ich versuche weiterhin meine Gedanken auf die Liebe und das Positive in meinem Leben zu lenken, für die vielen Wunder und alltäglichen Geschenke in Form von meiner Familie, meinen Katzen, lieben Freunden, einer Wohnung mit Strom und Warmwasser uvm. dankbar zu sein. Ich folge der Liebe statt der Angst. Ich lasse mich nicht mehr Schach mattsetzen! Ich bestimme über mich! Niemand sonst! Kein anderer hat mehr Macht über mich, ich bin kein Opfer! Ich erkämpfe mir meine Freiheit, ich stelle mich meinen Ängsten, um die Schwelle der Dunkelheit zu überwinden und zurück ins Licht zu treten! Ich lebe mich!

Umso mehr ich mich auf die Angst einlasse, umso schlechter geht es mir. Ich habe Kopfweh, fühle mich machtlos und eingeengt und einfach unrund wie unwohl. Ich möchte das jedoch nicht länger! Ich bin wie der Phönix der Asche entstiegen, um mein neues Leben zu genießen und zu feiern! Das lass ich mir nicht mehr durch falsche Gedanken vermiesen, nie wieder! Auch wenn ich den Ausgang meiner Situation noch nicht erfassen kann, vertraue ich dennoch meiner inneren Führung, dass sie mich ans Ziel meiner Träume bringt. Ich denke, dass wir uns selbst am meisten im Weg stehen, was aber gleichzeitig auch heißt, dass wir uns selber auch am meisten Power geben können! „Wharpantrieb" einschalten und ab dafür (hat bei Star Trek auch immer funktioniert…)!

Wenn wir uns selbst in Disharmonie bringen können, können wir uns auch wieder durch bewusste Gedankenkraft wieder in Harmonie bringen. Wir können uns mittels Zentrierungsübungen (zB. aus Qi Gong) wieder zurück ins Hier und Jetzt und eben unsere Mitte bringen, denn: „Bist du in deiner Mitte, kann dich nichts aus der Ruhe bringen!", du hast die Kraft in dir sowie die ganzen Antworten über unsere Fragen in uns liegen, wir dürfen nur die Hoffnung nie aufgeben und vor allem den Glauben an uns selbst nie verlieren.

Tue was tu liebst und befreie dich von deinem Kummer und deinem Schmerz! Entfessle deine innere Kraft und dein ganzes in dir wohnendes Potenzial zu voller Pracht! Richte dich auf zu voller Größe und lass deine Schatten hinter dir! Du bist wunderbar und liebenswert und komme was wolle, du bist dein Fels in der Brandung! Die Engel und Gott (oder wer auch immer) sind immer bei uns! Wenn du dich kreativ betätigst indem du zB. ein Bild malst, singst, schreibst oder Schmuck bastelst, setzt du deine enorme Kraft und positive Energie frei. Du erfüllst dein Herz und ganzes Sein.

Bist du kreativ, bist du verbunden mit deinem höchsten Selbst und somit mit deinem göttlichen Potenzial. Vielleicht kennst du die Redewendung: „Wenn dich die Muse küsst.", damit meint man, dass man von *etwas* inspiriert, motiviert und angetrieben wird, das geschieht bei mir zum Beispiel gerade…

Durch das inzwischen jahrelange Reflektieren, Meditieren, Zeit für mich nehmen, mir Behandlungen gönnen etc., durfte ich in letzter Zeit sehr massive mich blockierende Stagnationen lösen, die dazu führten, dass ich zum ersten Mal seit dem Tode meines Vaters 1997 unbegrenzt Energie in meinem Körper frei zur Verfügung habe – früher war durch den berühmten Kloß im Hals bei mir echt im Hals Schluss, das heißt, dass ich extrem kopflastig unterwegs war, weil meine Lebensenergie ganz einfach nicht frei fließen konnte! Mir fehlte es an Urvertrauen, Verwurzelung, Erdung und so weiter, ich geriet äußerst schnell in Panik, schmiss meine Nerven nervös lachend zum Fenster raus (übertrieben bildlich gesprochen) und schlitterte sehr schnell in die Hilflose-Kind-Haltung, also Opferhaltung. Ich ließ bisher zu, dass äußere Umstände die Macht über mich hatten. Ich gab meine Kraft dadurch an andere und ließ mich fremdsteuern (von anderen, von der Angst selbst usw.) – ich war nicht ich selbst bzw. handelte ich gewiss nicht nach meinem Herzen, sondern viel mehr nach meinem Kopf.

Ich bin von Herzen dankbar für alle meine *schlimmen* Erfahrung, die mich so sehr wachsen ließen, dass ich durch ständiges an mir arbeiten und an mir arbeiten lassen, letztendlich zurück zu meinem Kern/wahren Selbst zurückfand und jetzt – zum ersten Mal in meinem Leben – schließlich befähigt bin, bewusst meine Gedanken zu lenken. Ich lenke sie nämlich weg von der Angst und fokussiere mich auf meine Mitte/auf meine Gefühle. Ich folge der Stimme der Liebe und somit der

Wahrheit. Nicht meiner vermeintlichen Wahrheit, sondern SEINER Wahrheit, der Wahrheit von Gott.

Wir dürfen uns immer wieder in Erinnerung rufen, dass Gott selbst uns nicht bestrafen will, bestrafen tun wir uns (meistens) nur selbst! Wir ergeben uns hilflos unserem Schicksal, anstatt – nach dem ersten Schrecken – wieder aufzustehen, unsere Krone zu richten und hoch erhobenen Hauptes laut über den Humor des Lebens lachend wieder unserem Herzensweg zu folgen.

Folge nicht den Menschen um dich, die dich bemitleiden! Folge deinem Herzen und vertraue dich denen an, die mit dir fühlen, dich stärken und dich ein Stück deines Weges begleiten! Folge der Sonne, nicht dem Schatten. Fokussiere Liebe, nicht Angst. Willst du Wunder erleben, erwarte Wunder! Möchtest du deine Situation lösen, dann rechne mit dem besten Ergebnis für dich und alle an der Situation Beteiligten. Danke Gott und den Engeln für ihre liebevolle Führung und Unterstützung, die dich immer wieder auf deinen wahren Weg zurückbringt und dir hilft, deine Ziele zu erreichen, um deine Träume auch tatsächlich wahr werden zu lassen.

Vertraue bitte der starken Kraft tief in deinem Innersten, verbinde dich mit ihr, werde eins mit dir und der göttlichen Quelle. Spüre die Wärme, die dich einlädt sich mit ihr zu vereinen. Lasse es zu, gebe dich ganz dem Moment hin. Atme ruhig und bewusst und spüre, wie sich mit jedem Atemzug dein ganzer Körper mit Wärme und Licht füllt. Stelle dir vor, wie Licht und Liebe aus all deinen Poren dringen und dich und dein ganzes Sein zum Strahlen bringen und fühle, wie sich dein Herz weitet. Fühle, wie sich deine körperlichen

Grenzen, die dich eingrenzten auflösen und nehme deine ganze Aura/deine feinstofflichen Körper wahr, fühle die Freiheit in dir und gebe dich voll Vertrauen der Liebe hin.

Zentriere dich in deiner Mitte, lass deinen Atem einfach selbstständig fließen und fühle dabei, wie sich deine Energie immer weiter ausbreitet. Fühle wie du den ganzen Raum mit deinem Licht und deiner Liebe erfüllst, wie geborgen und wohl behütet sowie geliebt du dich fühlst. Spüre, wie du geatmet wirst vom Leben selbst. Gehe ganz in dir auf und erfreu dich an deinem Dasein. Spüre, wie dein ganzes Sein lächelt und strahlt. Gebe dich dem Gefühl ganz hin und genieße diesen Zustand so lange du möchtest. Bade dich ruhig darin, Liebe heilt alles! Sie verdrängt nicht, sie verzeiht. Sie fordert nicht, sie gibt. Sie zerstört nicht, sie befreit. Sei einfach nur ganz da.

Ein lieber Freund von mir hat mir mal gesagt, dass Schreiben immer eine Selbsterfahrung ist. Er hat damit absolut Recht. Noch nie fühlte ich mich so stark und befreit wie jetzt in diesem Moment, weil ich mich aus eigener Kraft heraus mit meinen geschriebenen Worten aus meinem Tief holen konnte! Ich danke Gott und den Engeln für ihre Inspiration und der damit einhergehenden Heilung. Ich bin wahrlich gesegnet, so wie du auch – es kommt immer nur darauf an, was du draus machst! Nutze dein Potenzial und heile dich selbst!

Wenn du etwas schon immer gern getan hast, nur lange Zeit nicht getan hast, weil du ja *keine Zeit dafür hattest*, dann fühle mal in dich hinein, ob dir diese Beschäftigung oder was auch immer es war, nicht immer inneren Frieden brachte und nehme dir ab jetzt und immerdar wieder die Zeit für dich, das zu tun, was dich glücklich macht! Genieße deine Kraft, dich selbst zu heilen und tu es auch, hab bitte keine Angst davor, vertrau dir und deinem Selbst.

Schiebe Dinge, die dir Spaß machen nicht mehr länger auf, vielleicht ist es morgen schon zu spät und möchtest du aus dieser Welt gehen mit Gedanken wie „Ach hätte ich doch…" oder dem Gefühl, dein Leben nicht wirklich gelebt zu haben? Oder möchtest du mit einem Lächeln gehen und dem Spruch auf deinem Grabstein „Guck nicht so doof, ich läg' jetzt auch lieber am Strand!" sowie einem Schmunzeln im Gesicht? Bist du glücklich? Könntest du „ruhigen Gewissens gehen" wenn deine Zeit irgendwann kommt?

Lass uns selbst einen Gefallen tun und unser Leben so richtig leben, mit Spaß, Liebe, Freude und allem was dazu gehört! Lass uns die Welt jeden Tag aufs Neue staunend und mit offenem Herzen entdecken und frei sein im Herzen wie ein Kind / dein Kernkind in dir! Heile deine Seele und dein historisches inneres Kind vom Schmerz der Vergangenheit. Umarme es in Liebe und bereite dir selbst immer wieder eine Freude. Sei ein Quell der Freude für dich und andere, bringe wieder mehr Humor und Leichtigkeit in dein Leben.

„Das Leben ist ernst genug – du überlebst es eh nicht!"

8. *Liebeswirrwarr*

Wer kennt das nicht: Man lernt jemanden kennen, findet sich sympathisch und kommt dann an einen Punkt, wo man sich fragt, ob da jetzt mehr dahinter ist oder nicht? Was an und für sich schon schwierig genug ist, wird noch komplizierter, wenn das Ganze rein virtuell/schriftlich abläuft! Man lernt sich so gut kennen, offenbart sich jemandem zum ersten Mal wie noch nie jemandem zuvor, spürt wahrhaftig im Körper Reaktionen wie Wärmegefühl, die Nähe des anderen, obwohl man sich noch nie zuvor begegnet ist im echten Leben, denkt (und da fängt wohl das eigentliche Problem an), dass man offen ist für ein Treffen und sich auf seine Gefühle verlässt, was man ja dann auch tatsächlich macht bzw. hat sich mein Gefühl Dank medialer Begabung bestätigt, was ich im Traum vorausgesehen habe (unserer höheres Selbst sowie unser Unterbewusstsein WISSEN ja schon, was Sache ist) bestätigt. Für mich war dann klar, dass ich eine Freundschaft und kollegiale Zusammenarbeit sehr begrüßen würde.

Dann kamen immer wieder von beiden Seiten Impulse, welche man irgendwie nicht richtig zu deuten vermochte. Verstand und Gefühl mal wieder im Clinch. Ich kam zu dem Schluss, dass ich zwar Liebe (und zwar auf der emotionalen und spirituellen Ebene empfand), mein Gegenüber jedoch Liebe, welche nur durch Körperkontakt „ganz" sei... Tja was nun? Freundschaft aufgeben? Einen Versuch starten, obwohl keine körperliche Anziehung meinerseits da ist?

Ich denke, dass ich es leid bin nachzudenken! Klingt komisch, ist aber wirklich so! Ihr hab ja keine Ahnung wie oft ich mir im Leben schon anhören durfte, ich sei „die perfekte

68

Traumfrau", was als Tatsache ja schön und gut ist, aber wieso bin ich dann immer noch nicht für jemanden „die Eine"? Oder besser gesagt, wieso war der für mich „perfekte Traummann" noch nicht unter den Anwärtern? Ich sag euch eins: Es ist echt beschi**en (sorry, aber ist doch echt so!), wenn man immer wieder dieses wunderschöne Kompliment hört (witziger Weise NIE von einem meiner Expartnern…) und doch ist der Eine nie dabei?

Ehrlich: Das ist so, als ginge man in das beste Restaurant der Stadt und bekommt nur die Speisekarte zu Gesicht, weil die Speisen zu schön, zum Essen seien! Zumindest fühlt es sich für mich so an. Rundherum gibt es lauter glückliche Paare, Frischverliebte, Glückliche, die kurz vor der Hochzeit stehen und selber? Ist man 2,5 Jahre Single, denkt dann, den Einen gefunden zu haben (was im Endeffekt nur mein Kopf dachte, mein Herz jedoch nie so wirklich fühlte) und ist nach nicht mal drei Monaten wieder Single, dann fragt man sich doch echt mal: Wo bleibt denn nun der Prinz mit seinem verdammten Gaul? (Es gibt ein Buch, das so heißt, und den Titel find ich derzeit mehr als passend)

Ich möchte auch Händchen halten, flirten, spazieren gehen an der Donau oder um einen See, in der Wiese liegen und den ganzen Abend durchphilosophieren, ins Kino gehen, zu Hause auf der Couch liegen und knuddeln, sich küssen, lieben, das Hirn rausvögeln, Hormone durch die Luft fliegen lassen, genießen, lachen, gemeinsam weinen und daran wachsen, das ganze Lovepackage halt! Doch wieso ich bisher nicht?

Ich bin sehr zufrieden mit meinem Aussehen, nicht auf den Mund gefallen, außer einer guten Optik bring ich noch Verstand, Charme und eine gehörige Portion Humor mit... Mal im Ernst: Man(n) könnte es echt schlimmer treffen als mit mir! Doch wo ist Mr. Right? Ist er zu beschäftigt mit sich? Traut er sich vielleicht mich nicht ansprechen? Er braucht sich ja nur mir zu offenbaren, anquatschen tu ich ihn dann schon (vorsichtig, um ihn nicht zu verschrecken natürlich).

Klar, bin ich ein Temperamentbündel, das Mann erst mal handhaben muss, jedoch bin ich außerdem eine äußerst sensible, fürsorgliche und liebevolle Frau, die mit beiden Beinen fest auf der Erde steht, während sie mit dem Kopf hoch über den Wolken schwebt (ja, als Energetikerin ist Frau so!). Schön langsam denke ich mir: Ja dann leckts mich doch alle mal am A****! Hab keinen Bock mehr zu suchen, zu warten etc. Einmal heißt es: „Wer suchet, der findet.", ein anderes Mal „auch ein blindes Huhn findet mal ein Korn" und dann wieder „wer sucht, kann nicht finden". Ja wie denn jetzt bitte im Klartext?

Sucht man, strahlt man ans Universum aus, dass man auf der Suche ist, also nicht findet. Lass ich mich finden (was mein Plan ist, aber der ging bisher auch noch nicht so ganz auf), traut sich Er vielleicht nicht und ich kann mich finden lassen bis ich alt und schrumpelig bin. Halte ich Ausschau und bin offen für jemand Neues, suche ich wieder! Ich schwöre bei Gott, ich blicke nicht mehr durch und sehe vor lauter Denken gar nichts mehr!

Ich ziehe nun einen Schlussstrich unter all das Denken, weil das ehrlich gesagt zu genau gar nichts führt! Ich schei** drauf und lebe jetzt mein Leben, so wie ich das möchte. Ich riskiere meinen Traumberuf als Energetikerin anzufangen (offiziell zu arbeiten, denn in der Familie und im Bekanntenkreis arbeite ich ja doch schon ein paar Jahre so), denn mehr wie Erfahrung oder Erfolg kann auch nicht passieren. Zumindest kann ich dann sagen: „Ich hab's probiert!", denn ich will nicht von dieser Welt gehen müssen mit dem Gefühl von „Scheisse, hätt ich doch!". Nein, danke!

Das Thema Liebe und Traumjob begleitet jeden von uns immer wieder im Leben, bis wir Mr. oder Mrs. Right und unseren Traumjob gefunden haben (oder diese uns, weil wir sollen ja nicht suchen *ähem*). Doch ich bin nur ein Mensch und habe auch Sehnsucht nach Nähe und Erfüllung! Ich umarme mich selbst und baue so Kontakt zu meinem inneren Kind auf, was auch schön ist und guttut. Meine Engel sagen mir immer, dass wir alles zur Verfügung haben, was wir brauchen. Wir selber sind uns genug.

So schwierig oder unrealistisch das für manche auch klingen mag, ich glaube langsam, dass es wirklich so ist! Was hab ich denn davon, wenn ich mein Glück und mein Wohlbefinden immer von anderen oder äußeren Umständen abhängig mache? Ein Partner kann mich verlassen, meine Firma kann mir kündigen, mein Unternehmen kann pleitegehen, mein Haus kann abbrennen, mein Auto bei einem Unfall verschrottet werden (und glaubt mir, ja das geht sehr schnell) und dann steh ich wieder da! Nackt, allein und unerfüllt.

Schaffe ich jedoch mein Leben so zu gestalten, dass ich nur mehr Dinge tue, die ich liebe, ändert sich mein Leben rapide zum Positiven. Wisst ihr, ich denke mir, dass wenn sich unser

Leben binnen Sekunden ins Negative ändern können und einem der Boden so schnell unter den Füßen weggezogen werden kann, dass man dabei ins Schwanken gerät, dann muss es doch in die andere Richtung genauso schnell gehen? Ich meine ein Funke, ein Gedanke und Schwupps ist die Lösung da und unser Leben geht wieder in die Richtung, die uns seit Geburt vorherbestimmt ist?

Ich bin ja ein Realist (also Optimist) und glaube ans Gute in der Welt und im Menschen. Die einen sagen, ich sei naiv, ich sage: Der Liebende sieht einfach mehr als da ist. Ich bin eine Liebende. Ich liebe mein Leben, mein Dasein, meine Katzen, meine Familie, meine Freunde, meine Tattoos, das Schreiben, die Musik, Filme, Blumen, Bücher, Reiki, Meditation, uvm. Wir alle sind Reisende der Liebe und wünschen uns wohl nichts sehnlicher, als geliebt zu werden.

Tja dann: Worauf warten wir noch? Lieben wir uns selbst in vollem Umfang! Lieben wir unseren Körper, unsere Seele, unseren Geist, unser Wesen, unser Dasein, unsere Talente, unser Zuhause, unseren Job, unsere Familie, unseren Partner, unsere Kinder, unsere Stadt, unsere Erde, unseren Kontostand, unsere Nachbarn, … Lasst uns lieben und somit Liebe verbreiten um Liebe zu säen! Ohne Hintergedanke, ohne Falschheit. Ehrliche, wundervolle, erfüllende, wahrhaftige und bedingungslose Liebe. Lasst uns uns selbst so achten, wie wir gerne von anderen behandelt werden wollen.

Liebe dich, lobe dich, sei stolz auf dich, erfreu dich an deinen bisher gemeisterten Lebenslektionen! Sieh, was für ein Schatz du tatsächlich bist! Was für eine Bereicherung für dein Umfeld! Was für eine Wohltat für traurige Herzen und notleidende Menschen! Was für eine Hilfe für ausgesetzte Tiere! Was auch immer du dir Gutes tust, kommt genauso zu dir zurück, es ist das Gesetz der Anziehung! Was du denkst und fühlst, sendest du auch und ziehst du umgehend wieder an!

Hör bitte auch eine Gegenleistung für dein Tun zu erwarten und hör auf deinen Partner für Dinge zu kritisieren, die dir nicht passen. Versuch ihn bitte so zu akzeptieren, wie er in Wahrheit ist. Liebe seine und deine Wahrheit! Nicht das Wunschbild, das du vielleicht aus Erfahrungen oder Filmen im Kopf hast, sondern deinen Partner so wie er tatsächlich ist! Vielleicht ist er sogar besser als dein Traumpartner, nur hast du ihm bisher keine Chance dazu gegeben es dir zu zeigen, weil du ihn schon bevor er überhaupt dazu kommen könnte gebremst und kritisiert hast?

Wir alle sagen unbewusst viele schlechte Dinge über uns selber, die wir so zu anderen (hoffentlich zumindest) niemals sagen würden. Wie oft sagen wir nicht über/zu uns: „Man bin ich vielleicht doof!", oder richten über andere und verurteilen sie (ja, wir trennen uns mal wieder vom Rest der Welt, wenn wir andere bewerten). Setz oder stell dich bitte mal vor einen großen Spiegel und sag dir mit dem Blick dabei in deine Augen genau die Dinge vor, die du so oft unbewusst über dich oder andere sagst und spüre bitte in dein Herz hinein.

Ich weiß nicht, wie es dir geht, doch habe ich das ein paarmal gemacht und kann nur sagen: Es hat mich tief getroffen und sehr verletzt. Außerdem war ich entsetzt, wie oft wir negativ und abwertend über uns selbst sprechen und es nicht einmal bemerken. Ich kann euch nur empfehlen, dass ihr bitte auf euch gut achten solltet, denn wie gesagt: Was du denkst, das sendest und bekommst du!

Siehst du dich wie einen Dummkopf, sendest du das aus und ziehst Menschen an, die dir deine Gedanken und Gefühle widerspiegeln, die dich dann wirklich als dumm bezeichnen, was du dann vermutlich gemein und niederträchtig sowie beleidigend findest, jedoch bist du eigentlich die Ursache dafür, da du dich unbewusst selbst gerichtet hast. Denk mal drüber nach und fühl bitte gut dabei in dich hinein.

Viel zu oft weisen wir nur zu gern anderen die Schuldkarte zu, vergessen dabei aber auch, dass wir die Verantwortung für uns selbst haben! Wir sind eigentlich Kläger und urteilen über uns und wundern uns dann, wenn das Universum sagt: „Dein Wunsch ist mir Befehl!". Wir haben wirklich unbegrenzte Möglichkeiten, um uns unser Leben zu schwierig wie nur möglich zu gestalten, oder aber auch, unserem Leben den richtigen Schwung zu verleihen, sodass wir uns mit dem natürlichen Rhythmus allen Seins mitbewegen können. Surfst du gern auf der (Energie-)Welle oder gehst du lieber unter? Schwimmst du lieber mit dem Strom oder dagegen? Damit meine ich aber bitte nicht die allgemeine Meinung! Diese solltest du immer für dich hinterfragen und auch ruhig kritisieren! Ich meine den tatsächlichen Lebensrhythmus, der uns von Geburt an durchs Leben trägt.

Lass dir niemals von niemandem mehr deine Träume verbieten,
niemand außer dir selbst hat das Recht für dich zu entscheiden,
bitte vergiss das nie mehr!

Ich fühle, dass es an der Zeit ist, sich für seine Träume, seine Gefühle, seine Handlungen usw. immer vor allen zu

74

rechtfertigen! Wieso sollte es die anderen etwas angehen, was ich mit meinem Leben tue? Natürlich sorgen sich unsere Lieben um uns, was ja auch schön und verständlich ist, weil wir uns genauso um sie sorgen. Doch ist es ein erheblicher Unterschied jemandem seine Bedenken zu äußern, oder jemandem von vornherein zu prophezeien, dass man scheitern wird?

Die Angst der anderen überträgt sich somit auf uns über. Nur weil SIE es sich nicht trauen, dürfen auch wir unsere Träume nicht leben, denn wir könnten ja Erfolg haben, den sie nicht haben und uns dann neiden müssten bzw. würden wir sie so an ihre eigenen Schwachpunkte erinnern, die sie so gern verdrängen. Ich glaube nicht, dass uns unsere Lieben absichtlich manipulieren, ich glaube ihnen die ehrliche Absicht dahinter, jedoch ist das Gegenteil von gut, gut gemeint und bin ich der Meinung, dass nur Gott allein über uns richten darf und niemand sonst!

Ich muss mich im Gegenzug dann aber ebenso fair und loyal verhalten, wenn meine Freunde mir ihre Träume erzählen! Ich versuche meine Bedenken zwar zu äußern, ihnen jedoch trotz allem (besser gesagt meiner subjektiven Wahrnehmung entsprechenden Einwände) Mut zuzusprechen und sie nach mir möglicher Weise bestmöglich zu begleiten und zu unterstützen, denn ihr Erfolg ist mein Erfolg, weil ich mich mit ihnen und für sie freuen kann und selbst, wenn etwas nicht so läuft wie erwartet, bin ich für sie da und tröste sie und muntere sie auf, neue Wege zu versuchen, um ihr Ziel zu erreichen, denn ich finde, dass Freunde genau dazu da sind.

Sich gegenseitig zu stützen und zu führen sowie eine starke Schulter zum Anlehnen sollte in einer Freundschaft immer inkludiert sein und das natürlich ohne eine Erwartungshaltung! Nur wer ehrlich gern gibt, wird Liebe ernten! Sei bitte immer ehrlich und aufrichtig und wähle deine Worte von Herzen mit Bedacht, jedoch nimm dich auch mal zurück, um dein Gegenüber zu stärken und ihm damit zu zeigen, wie wundervoll er ist und wie dankbar du bist, für ihn da sein zu dürfen, er wird es dir danken, glaub es mir!

9. *Abhängigkeiten*

Es gibt Menschen, die sich – mehr oder weniger bewusst – immer sehr dominante Partner aussuchen, auch im Freundeskreis finden sich solche Typen wieder. Man ist fasziniert und fühlt sich magisch angezogen von der Stärke, die diese Menschen ausstrahlen und neigt dazu, schnell in eine Art Abhängigkeit zu geraten. Man möchte ja gefallen und tut deshalb viele Dinge, die zwar dem eigenen Herzen widersprechen, doch rät uns unser Verstand dazu, weil wir ja „geliebt" werden wollen und veranlasst uns deshalb eventuell dazu, uns anzupassen und zu verstellen.

Egal ob das den besten Freund/die beste Freundin, den Partner/die Partnerin oder auch den Vorgesetzten/die Vorgesetzte betrifft – im Endeffekt ist es ein Aufmerksamkeit erheischen, das unser eigentlichen Natur von Grund auf völlig widerstrebt.

Wir sind von Natur aus starke, unabhängige und liebeswerte Geschöpfe, die es verdient haben in einer Umgebung zu leben und zu arbeiten, die unserem wahren Kern entspricht. Wir sollten eine Tätigkeit ausführen, die unser Herz zum Singen bringt, vielleicht nicht unbedingt hauptberuflich, wenn man einen Brötchenjob und privat ein zweites Standbein hat, in dem man seinen Traum lebt, das sollte jeder für sich entscheiden, was er für sich richtig hält.

Was für uns das Wichtigste sein sollte, ist, dass wir auf unsere Gefühle hören und ihnen vertrauen. Nicht immer fällt es uns leicht, uns unsere wahren Gefühle einzugestehen. Man fürchtet sich vor den Konsequenzen, vor der Reaktion des/der anderen usw. Jedoch was ist mit unserem eigenen

Wohlbefinden? Sollte unsere Freude, unser Glück nicht für uns an erster Stelle stehen?

Mir ist es mehrmals im Leben passiert, dass ich zu einem ähnlichen Typ Frau als „beste Freundin" gekommen bin, bei welcher ich mich anfangs auch gut aufgehoben und verstanden fühlte. Ich gab auch immer sehr viel von mir (half in der Arbeit aus und das alles natürlich unentgeltlich als Freundschaftsdienst) und verbrachte viel meiner Freizeit im Job bei ihnen, um ihnen Beistand zu leisten, Unterstützung zu geben. Der Unterschied war nur, dass sie dafür bezahlt wurden und ich das ganze freiwillig machte!

Somit brachte ich mein Geben und Nehmen total in Disharmonie, was ich aber erst nach einiger Zeit merkte! Ich fühlte mich immer öfter klein und unterdrückt. Solang ich mich unterordnete und anpasste (besser gesagt verstellte), war alles in Ordnung. Doch kaum zeigte ich meine wahre Größe und machte Dinge so, wie ich es für mich als richtig empfand, wurde ich sofort kritisiert. Man versuchte mich dadurch wieder kleiner zu machen, um sich selbst größer zu fühlen.

Ich wurde dann des Öfteren veräppelt und das am besten noch in einer ganzen Gruppe, weil es ja viel lustiger ist, wenn mehrere auf einen hinpecken… Doch wehe, ich setzte mal zum Gegenschlag aus und tat es ihnen gleich, dann war ich gleich die Gemeine, die Gefühle verletzte! Mir wurde, wenn ich sarkastisch über mich selbst sprach (gerade, wenn es um mein Aussehen ging) vorgeworfen, ich sei eingebildet und arrogant! Das Schlimmste daran war, dass ich selbst durch deren Aussagen so verunsichert war, dass ich MICH selbst hinterfragte und ganz entsetzt über mein Verhalten war! Ich glaubte ihrer Sicht über mich MEHR als mir SELBST!

Tja meine Lieben: Selbstbewusst ist eben nicht gleich zu setzen mit Sich-selbst-bewusst-sein! Die Damen waren (oder wirkten zumindest) selbstbewusst und nutzten meine Unsicherheit bzw. mein Feingefühl und schlechtes Gewissen zu ihrem Vorteil und schafften es so, ihre Unsicherheit mit meinem Mitgefühl zu vertuschen und ich ließ es zu, dass ich meine Selbstwarnung manipulierte! Niemand ist schuld an unserem Verhalten oder unserem Leben, wir tragen immer selbst die Verantwortung dafür!

Damals handelte ich völlig falsch, denn hätte ich tief durchgeatmet, in mich hineingefühlt, als mir diese Dinge (Egoismus und Arroganz) vorgeworfen wurden und mein Herz gefragt, hätte ich sofort gefühlt, dass mit mir alles in Ordnung sei, dass nur ein Missverständnis vorliegt, weil ihre Herzen verschlossen waren in dem Moment und ich einen wunden Punkt mit meinen Aussagen gedrückt habe und anstatt sich selbst zu fragen, was sie jetzt fühlen, gingen sie auf Angriff in Form von Ablenkung und Manipulation und ich ließ mich mitreißen und spielte mit.

Ich gebe niemandem die Schuld, auch mir selbst nicht und vergeben mir und allen, die mich verletzt haben, denn verletzen können wir uns nur selbst! Wenn wir wahrhaft aus unserer Mitte leben, können uns egogesteuerte Aussagen nichts anhaben, weil wir bei uns und in uns sind und somit die Wahrheit unseres Herzens leben und die Antwort fühlen just in dem Moment, wenn wir konfrontiert werden!

Werden wir angegriffen, haben wir den Impuls „Kampf oder Flucht", doch daraus kann man auch aussteigen indem man bewusst tief atmet, in sich hineinfühlt und dann entweder offen über seine Gefühle spricht, wenn man es schafft, oder aber, man sagt einfach „Stopp, ich brauche Abstand um zu mir zu kommen." und kann gehen. Das ist für mich weder Angriff, noch Flucht! Es ist für mich meine Wahrheit, die Wahrheit meines Herzens, das, was ich tief in mir fühle. Ich brauche mich weder vor anderen immer rechtfertigen, noch für mein Verhalten entschuldigen, wenn es sich in diesem Moment für mich richtig angefühlt hat!

Wichtig ist dabei auf sein Herz und weniger auf seinen Verstand zu hören. Der Verstand neigt dazu sich verteidigen zu wollen, was unserem kampflustigen Gegenüber noch mehr unserer wertvollen Energie zuspielt und somit hat er uns da, wo er uns haben wollte, nämlich in der Verteidigung und er kann mit uns sein Spielchen spielen. Doch das kann man verhindern, indem man ihm ehrlich sagt, was man fühlt und ihm somit gleich mal den Wind aus dem Segel nimmt.

Das kann natürlich schwierig werden bei Menschen, die einem ihre Sicht der Dinge ins Gesicht schreien und dann, wenn man zum Gegenargument ansetzen will, einfach abhauen und sich aus dem Staub machen! Ist mir auch schon passiert! Erst wurde ich angefeindet, weil ich wieder mal ich selbst war und nicht mehr ihrem Bild über mich entsprach, dann angeschrien und als ich etwas dazu sagen wollte, verließ die mich anschreiende Person für geraume Zeit einfach das Zimmer und ward längere Zeit nicht mehr gesehen! Passierte mir zweimal während meiner Dienstzeit mit zwei Kolleginnen.

80

Also so bitte nicht nachmachen, um euer selbst willen! Seid nicht so töricht eure Emotionen zwar herauszulassen, den anderen jedoch damit völlig zu überfordern/überraschen und ihm oder ihr nicht einmal die Gelegenheit zu geben, dazu etwas zu sagen! Das finde ich unfair und hat nichts mit Nächstenliebe und Respekt zu tun, im Gegenteil: Es macht mich zu einem urteilenden und trennenden Menschen und hält mich meilenweit von der Liebe und der Wahrheit fern!

Konflikte treten leider immer wieder in unserem Leben auf, besonders gefordert von unseren „Arschengeln", doch auch diese Menschen und Situationen haben ihr Gutes! Sie fordern uns heraus und dadurch können wir das bereits erlernte Wissen über uns selbst einsetzen! Wehre ich mich oder mache ich meinen Standpunkt klar und vertrete nur meine Meinung bzw. zeige meine Gefühle? Laufe ich davon oder stelle ich mich meiner Angst? Überwinde ich die Schwelle, die die anderen ständig bei mir übertreten, weil ich mich nicht wehre oder für mich einstehe?

Unsere lieben Arschengel helfen uns sehr schnell zu merken, wo wir noch dazulernen dürfen bzw. wo unsere wunden Punkte sind bzw. welche Baustellen wir noch aufzuarbeiten haben. Sie riechen förmlich, wenn es uns nicht gut geht und bohren dann so richtig mit Freude in unseren Wunden. Wieder haben wir die Wahl: Herz öffnen oder verschließen. Bin ich in meiner Mitte und kann wahr sprechen über das, was ich fühle, oder bin ich behindert von meiner Wut (hinter der meine Angst und dahinter meine Liebe steht) und sage lieber „Stopp" und gehe, bis ich wieder klar fühlen kann?

Alles dreht sich nur um Liebe! Der eine fühlt sich verletzt und zurückgestoßen, der andere ungeliebt und unwichtig, wieder ein anderer muss ständig sein Ego füttern und behandelt somit andere von oben herab und schlecht, um sich nicht mit sich selbst und seinen eigenen Gefühlen auseinandersetzen und beschäftigen zu müssen. Egal, welche Problematik uns begleitet, irgendwo steckt immer die Liebe dahinter! Auch Wut, Hass, Ärger, Härte und so weiter kommen in unser Leben, wenn wir uns verletzt und ungeliebt fühlen.

Jedes Lebewesen, das existiert, möchte lieben und geliebt werden! Die einen unterdrücken andere, um zu fordern, was ihnen ihrer Meinung zusteht und die anderen lassen sich unterdrücken aus Angst, ansonsten alleine bleiben zu müssen. Beide Seiten haben nichts mit Liebe und Herzensgüte zu tun!

Es ist normal, dass wir uns jemanden an unserer Seite wünschen, egal ob Partner oder Freunde, doch müssen wir uns erst selbst lieben und akzeptieren und mit uns glücklich sein, bevor wir wirklich lieben können! Wir müssen uns dafür entscheiden, Liebe zu geben und nicht nur zu empfangen, was natürlich schwierig ist, wenn man im Leben immer wieder enttäuscht und verletzt wurde, doch die Hoffnung stirbt zuletzt – wer nicht mehr hofft, hat vergessen zu leben.

Ich versuche meine Wahrheit gemäß meinem Herz zu leben. Natürlich unterlaufen mir immer wieder Rückschläge bzw. ärgere ich mich auch über mich und andere und deren Verhalten mir gegenüber, doch bin ich auch nur ein Mensch, der fühlt und hätte ich meine Aufgaben schon alle erlernt, wäre ich nicht mehr in dieser Form hier auf Erden.

Alles worüber ich schreibe, habe ich aus meiner Sicht erlebt und kann ich nur meine Gefühle wiedergeben. Ich kann nicht für andere denken oder fühlen! Ich kann nur versuchen in allem die Lektion zu verstehen und dankbar dafür sein, dass ich noch über mich hinauswachsen darf! Ich bekomme immer wieder die Chance geschenkt, etwas über mich und mein Leben zu lernen. Wer aufgehört hat etwas zu werden hat vergessen wer er ist! Finde dich selbst und lebe deine Wahrheit! Geht es dir gut, geht es deinem Umfeld gut.

Verbreite Liebe und Freude, sei ein Geschenk für dich selbst und andere! Versuche mehr nach deinem Herzen zu leben und lerne deinen Gefühlen zu trauen! Ich zum Beispiel führe mit meinem Herzen keine Dialoge, anders als mit meinen Engeln oder Geistführern. Wenn es um mein Herz geht, nehme ich wahr, ich fühle!

Zum Beispiel bei besagten „besten Freundinnen" zeigt mir mein Herz wann es Zeit für mich ist mich bewusst abzugrenzen und „zuzumachen" um mich zu schützen (jedoch nicht mein Herz, sondern meinen Solarplexus, also das 3. Chakra, da ich über dieses Emotionen anderer empfange), indem sich mein ganzer Körper binnen Sekunden aufheizt und tatsächlich die Temperatur ansteigen lässt und ich erst dumpfe und dann pochende Kopfschmerzen bekomme. Vielleicht kennst du auch das Gefühl, dass sich, wenn du an jemanden oder etwas Bestimmtes denkst, sich dein ganzer Magen zusammenzieht und verkrampft, oder dir übel wird oder schwindelig.

Nehme bewusst deine Gefühle war und achte auch dich und deine Gesundheit, sei es dir wert!

Ich liebe das Buch „Die Stimme des Herzens" von Safi Nidiaye, denn darin gibt sie in dem Kapitel „Ungeliebt sein" wertvolle Tipps, wie man sich selbst einen sicheren inneren Raum verschafft, welchen man dann nach außen weiten kann, um bewusst andere hereinzulassen und diese abschließend wieder hinauszubefördern, weil dieser innere geschützte Raum nur für uns selbst ist. Eine wunderbare Möglichkeit für das Bewusstwerden der eigenen Grenzen!

Lerne wo du dazu neigst, dass du andere über dich und deine Grenzen hinwegtrampeln lässt! Gib nicht ihnen die Schuld dafür, dass sie es tun, sondern mache dir stattdessen bewusst, dass du es in der Hand hast, deine Grenzen zu setzen, zu wahren und zu bewachen! Es liegt an dir, wie du dich achtest und wie liebevoll und bewusst du mit dir umgehst! Hör bitte auf anderen die Schuld und somit die Macht über dich zu geben und lerne aufmerksamer mit dir selbst umzugehen.

10. *Liebesgeschichten*

Darf man ans Unglaubliche glauben und das Undenkbare hoffen? Wenn es um die wahre Liebe geht, denke ich schon. Nachdem ich mich im Mai 2011 von meinem zweiten Lebensgefährten trennte, schickte ich – ob der Situation, dass ich zwei Anwärter „am Haken" hatte – ein Stoßgebet zum Himmel, dass ich das liebe Universum um den Einen bitte, der nur die positiven Eigenschaften der beiden potenziellen Anwärter vereine und keine zehn Minuten später, ging meine Bürotür auf und wurde mir ein neuer Arbeitskollege vorgestellt, und als ich ihn sah, durchfuhr es mich wie ein Blitz! Selbst nachdem er weg war, spürte ich eine massive Energie in meinen Handinnenflächen, wie noch nie zuvor…

Der neue Kollege erweckte mein Interesse massiv, und das nicht nur, weil er extrem gut aussah mit seinen 1,95 m Körpergröße. Er zog mich magisch an und so „suchte" ich mir Gründe/dienstliche Vorwände, um den Kontakt zu ihm aufzubauen. Wir gingen sogar mal miteinander Mittagessen, wo ich erfuhr, dass er Kinder habe, doch von einer Frau erzählte er nichts und auch Ehering trug er keinen. In den ersten Wochen/Monaten (er fing Anfang Juli bei uns an), hatte ich zwei hellsichtige Träume von ihm, die mir vom echten Leben bestätigt wurden.

Da ich mich für die Vorbereitung zu einer Firmenfeier meldete, nahm ich Kontakt zu ihm auf und da sah ich – wie in der Nacht davor in meinem Traum – seinen Ehering, was mich aber gar nicht mehr so schockierte, da ich ja schon davon geträumt hatte (und außerdem war ich von seiner Lederjacke und seinem Motorradhelm auf seinem Schreibtisch abgelenkt… hihi). Für mich ist ein verheirateter Mann eigentlich Tabuzone und so beschränkte sich unser Kontakt auf hin und wieder schreiben und zufälligen Zusammentreffen in der Firma.

Im folgenden Frühjahr gab es einen Firmenschiausflug, an dem ich teilnahm – dass auch *er* mitfuhr, erfuhr ich erst einiges später nachdem ich mich bereits angemeldet hatte. Der Firmenausflug war toll, wir drei Mädels gingen mit den Schneeschuhen auf Wanderung während die Herren der Schöpfung Schi fuhren bzw. für das leibliche Wohl in der Hütte sorgten. Nach der sportlichen Aktivität, trafen wir uns in einer der Aprés Schi Hütten und gaben halbwegs Gas, was total lustig war.

Wir saßen in gemütlicher Runde beisammen und tranken und lachten und irgendwann waren auf einmal fast alle weg und ich saß alleine mit *ihm* am Tisch, als er mich auf einmal ansah, mir seine Hand reichte und sagte: „Komm, gehen wir tanzen!" – bei allen anderen sagte ich Nein, bei ihm sagte ich nur zu gern Ja… Wir drehten uns eigentlich nur im Kreis, doch war es trotzdem sehr schön und nach einem anfangs flotten Lied, spielten sie auf einmal „I am from Austria"… War echt schön.

Auf dem Rückweg zur Hütte dann, stapfte ich erst etwas torkelnd durch den Schnee, ehe ich laut lachend im Schnee stolperte und bis zur Hüfte im Schnee versank, als ich auf einmal hörte, dass *er* näherkam und mich binnen Sekunden wieder aufrappelte, um wieder auf den Beinen zu stehen (ich wundere mich heute noch, wie mir das damals so schnell gelang?). Auf einmal war er neben mir auf seinen Schiern und fragte mich, ob ich mitfahren wolle. Als ich ihn erst einmal fragend ansah, meinte er keck „Oder traust di net?" – tja, das sagt niemand „ungestraft" zu mir, und so stieg ich zu ihm auf die Schier und durfte mich an seiner Hüfte festhalten (Gott sei Dank war es finster, sonst hätte mein breiter Grinser die halbe Piste geblendet!).

Bei der Hütte angekommen, rutschten wir auf einmal rücklings weg und er meinte nur, dass wir noch ´ne kleine Runde drehen, weshalb ich abstieg und ihn an den Stöcken zur Hütte zog und dann scherzhaft meinte, dass er wohl erst mich und dann ich ihn abgeschleppt habe und als ich seinen schockierten Blick sah, fügte ich schnell „Mit den Schiern, mit den Schiern!" hinzu und verschwand mit einem Danke ins Innere der Hütte und selbst in der Dusche kamen wir zusammen! Ich wollte gerade aus dem Gemeinschaftsbad raus, als er rein wollte und so standen er und ich uns im Handtuch gegenüber huijui.

Nach dem Essen quatschten erst alle in Gruppen durcheinander, ehe wir ein paar lustige Trinkspiele anfingen und es echt ein total feuchtfröhlicher Abend wurde, bei dem es sich ergab, dass ich mehrmals mit *ihm* in Kontakt kam. Das erste Mal sogar noch vor dem Essen, als ich es mir in einer Ecke im Schneidersitz und mit einem Polster auf dem Schoß bequem machte, als er auf einmal mit „Das ist ja perfekt für mich!" sich auf die Bank und mit seinem Kopf auf meinen Polster auf meinem Schoß legte. Erst war ich dezent überrascht, dann nahm ich es gelassen hin.

Später am Abend sagte ich ihm, dass ich bei unserem gemeinsamen Mittagessen total nervös war und wegen ihm fast nix runterbrachte, was er grinsend zur Kenntnis nahm. Noch später am Abend ergab es sich dann irgendwie, dass ich neben ihm saß und ihn immer wieder sekkierte indem ich ihn in die Seite pikste (Flirten ist ja erlaubt), doch auf einmal wehrte er sich und pikste mich so in die Seite, dass ich über ihn drüber hopste und auf einmal irgendwie an ihn gelehnt saß (ich weiß echt nicht mehr wie das ging, war wohl ein Reflex?) und so lag ich halb auf der Bank an seinen Oberkörper angelehnt und wir unterhielten uns echt gut, obwohl wir fast nix sprachen und auf einmal, als wir uns anstrahlten im Halbdunkel, durchfuhr es mich als ich ihm gerade in die Augen sah und da war „nur" ein unbeschreibliches Gefühl des Angekommen Seins. Kein Gedanke, keine Vernunftstimme, nur dieses wunderbare intensive Gefühl tiefster Verbundenheit, wenn zwei Herzen sich erkennen.

Ihm dürfte es wohl genauso ergangen sein, denn nach einer kurzen Weile klärte sich sein verliebter Blick auf „Scheisse, was mach ich da eigentlich?", setzte mich auf und zischte mit „Ich muss weg." aus dem Zimmer und ward nicht mehr gesehen… Etwas verdutzt beschloss ich nach ein paar Minuten ebenfalls Zähne zu putzen und ins Bett zu gehen, da es eh schon etwa zwei Uhr nachts war. Am nächsten Tag wirkte er total verstört und so ging ich ihm soweit möglich aus dem Weg, da ich selbst nicht ganz verstand, was da ablief zwischen uns. Im Nachhinein kann ich es nur als „Liebe auf den x-ten Blick" bezeichnen. So etwas spürte ich noch nie zuvor und auch nachher nicht mehr.

Ich danke Gott und dem Universum von ganzem Herzen für diesen einen wundervollen Moment, der für mich zum schönsten meines Lebens wurde. Ich erkannte inzwischen, dass dieser Mann mein Dualseelenpartner ist. Davon gibt es nur einen im ganzen Leben und es ist nicht gewiss, dass man mit diesem überhaupt zusammenkommt in diesem Leben! Und ich durfte ihn kennen lernen und mit ihm diesen wunderschönen Moment erleben. Auch wenn auch nachher nie etwas zwischen uns lief, so hat er mich immer wieder „gerettet", nämlich vor den falschen Männern oder Gefahrensituationen in meinen Träumen.

Die spirituelle Verbindung zu ihm ist nach wie vor, auch fast drei Jahre später, immer noch deutlich gegeben, was total schön ist, wenn man einen Beschützer hat, auch, wenn es nur im Traum ist, so gibt mir das dennoch immer wieder Kraft und Hoffnung und das schöne Gefühl, wirklich geliebt zu werden.

Natürlich startete ich nie einen Versuch bei ihm, da ich eine Ehe respektiere, trotzdem schrieb ich ihm immer wieder mal von meinen wahren Gefühlen für ihn bzw. inspirierte er mich auch immer wieder zu Postings auf meinen Blogs, wofür ich sehr dankbar bin. Inzwischen habe ich ihn schon monatelang nicht mehr gesehen, doch träume ich immer wieder von ihm als Beschützer wie auch Seelenpartner, was sehr schön und erfüllend ist.

Ich bin ja – bis auf eine kurze Unterbrechung von drei Monaten – seit Mai 2011 Single und egal wen ich nach *ihm* kennen lernte, es war nie das Gleiche wie mit ihm. Es gab nach ihm einen Mann, der in vielen Punkten ähnlich war wie *er*, mit dem ich eine kurze, doch sehr schöne Zeit verbringen durfte und auch mit ihm war ich energetisch verbunden, doch niemals so wie mit *ihm*.

Ich glaubte, durch viele gemeinsam erlebte Situationen und meine hellsichtigen Träume, lange Zeit an ein Happy End mit *ihm*, doch ließ ich inzwischen davon ab, da ich der Ansicht war, dass wir eben nicht zusammen sein dürfen in diesem irdischen Leben, doch wenigstens auf der geistig spirituellen Ebene in meinen Träumen, was sich jedoch seit einiger Zeit wieder änderte, denn in meinem letzten Traum von ihm von vor ein paar Wochen, sprach er von „unserer Tochter" und bekannte sich öffentlich, auch in der Arbeit, zu mir und viele der Botschaften aus der geistigen Welt, deuten in *seine* Richtung!

Ich verwarf ihn natürlich vernunftgemäß immer wieder, auch durch die Aussagen meines Umfeldes, weil es nicht sein „darf", weil er ja anderweitig vergeben sei etc. Doch was, wenn mein Herz weiß? Als ich heute eine Botschaft las und das erste Mal seit langer Zeit *ihn* damit in Verbindung brachte, wurde mir auf einmal total warm, um nicht zu sagen heiß, in meinem Solarplexus, der meine intuitive Wahrnehmungszentrale ist, was ich als Zeichen meines Herzens deute, da unser Herz ja mittels Empfindungen/Emotionen mit uns kommuniziert! Und auch, dass er sich nicht bei mir melde, weil er zu viel Angst vor Zurückweisung habe, da er glaube, dass ich nichts mehr für ihn empfinde als Botschaft, passt zur Situation! Tja, man möge mich steinigen, doch wage ich wieder zu hoffen!

Ich bin der Überzeugung, dass zusammenkommt, was zusammengehört und mögen sich auch tausend Berge zwischen einen stellen, das Schicksal führt einen – zur rechten Zeit – immer wieder zusammen, auch, wenn einer in einer festen nicht mehr funktionierenden Beziehung feststeckt!

Und Nein, wie gesagt, habe ich sein Privatleben immer respektiert und nie einen körperlichen Anbahnungsversuch (außer das harmlose Kitzeln) bei ihm gestartet, weil ich ihn nie in eine für ihn unangenehme Situation bringen wollte. Ich habe meine eigenen Bedürfnisse aufgegeben ihm gegenüber und mich über jede noch so kleine und kurze Begegnung mit ihm gefreut und dem lieben Gott dafür jedes Mal von Herzen gedankt.

Auch ein offenes Gespräch habe ich mit ihm angebahnt, weil ich wissen wollte, woran ich wirklich bin bei ihm, da ich ja immer nur meine hellsichtigen Träume und Vermutungen anstellen konnte. Er sagte natürlich, dass er verheiratet sei und so weiter, jedoch nahm ich ihm seine Distanz nicht ab, respektierte seinen Standpunkt aber, und ließ ihn los. Wenn wir zusammentrafen, grüßte ich ihn nur und wollte gleich wieder gehen, doch auf einmal nahm er Kontakt auf und verwickelte mich in Gespräche! Ich merkte ihm an, dass er nicht wollte, dass der Kontakt ganz abbrach zwischen uns, da er zwar in einer verzwickten Situation war, weil er Gefühle für mich hatte, doch auch gebunden war.

Die Liebe ist nicht so einfach, dies ist mir inzwischen klar! Doch da ich weiß, dass ich auf meine hellsichtigen Fähigkeiten blind vertrauen kann, schöpfe ich nun neue Hoffnung, dass ich doch noch ein Happy End in der Liebe erleben darf! Vielleicht, ist *er* ja meine wahre Liebe und dürfen wir mit Hilfe von Gottes Plan unser restliches Leben gemeinsam verbringen und miteinander teilen, wer weiß… Ich gebe die Hoffnung nie auf und glaube an die Kraft der Liebe!

11. *Alles eine Frage der Zeit und des Glaubens*

Dass meine „Traummann-Expresszustellung" schon fast drei Jahre zurückliegt, ändert nichts an der Tatsache, dass sich meine Gefühle seither kaum verändert haben. Egal wie oft ich mir versuchte einzureden, dass es alles „nur ein Gefühl" sei bzw. ich auf die *anderen* (mein Umfeld) hörte – unsere Herzen haben sich damals in dem einen Augenblick erkannt und seither weiß mein Herz, dass wir zusammen gehören, egal was andere sagen/denken oder mein Verstand mir weiß machen möchte, ich weiß es.

Ich habe es natürlich mit anderen Männern versucht! Mit jüngeren und älteren, doch kein Mann konnte dieses Gefühl in mir erwecken, wie *er*. Niemand machte mich so nervös wie *er* und niemand gab mir so sehr das Gefühl von Sicherheit wie *er*. Intuitiv hat *er* mir immer wieder beschützt. Sei es auf der Schihütte vor einem 52-jährigen „Verehrer", auf Firmenfeiern, als er für mich Partei ergriff, oder auch in meinen Träumen – ich weiß, dass *er* the one and only Mr Right ist! Wenn ich vielleicht auch niemals mit ihm zusammen sein darf, so danke ich Gott dafür, dass ich das Gefühl absoluter Liebe einmal erleben durfte für ein paar Sekunden. Dies war der schönste Augenblick meines Lebens.

Auch bin ich ihm nicht (mehr) böse (das Ego kann schon echt fies sein, wenn es verletzt ist!), weil er sich fast nie blicken ließ oder sich meldete. *Er* ist einfach ein ehrlicher aufrechter Mann, der zu seinen Prinzipien steht und wollte sich selbst nicht der „Gefahr" aussetzen und schwach werden (sagt mein Herz mir). Ich kann ihm nachempfinden und vergebe ihm daher, dass er sich zurückhält und distanziert. Es gab dafür doch viele schöne Momente in den letzten Jahren, in denen er mir immer wieder zeigte, dass er auch mehr für mich empfindet, als er zugeben kann, wofür ich ihm von ganzem Herzen danke. Er gab mir immer das Gefühl respektiert und geachtet zu sein bzw. sieht man es *ihm* an, dass er sich freut, wenn wir uns begegnen, was ich sehr schön und erfüllend finde.

Wenn ich daran denke wie sehr ich immer wieder zwischen Gefühl und Vernunft hin- und hergerissen bin, möchte ich mir gar nicht vorstellen, wie es *ihm* dabei geht. Das Interessante bei ihm ist, dass ich intuitiv spüre, wenn *er* in der Nähe ist oder (zB auf What's App) online geht, denn fast jedes Mal, wenn ich ihm schrieb, schaute er kurz später nach, obwohl er nur alle paar Tage oder Wochen seine Nachrichten checkt.

Ich nehme seine Gegenwart durch Lichtblitze und starke Gefühle wahr. Sehr oft folgte ich meinem Impuls und ging zB in die Kantine mittags und traf ihn dann dort, zwar immer nur kurz, doch freuen wir uns beide jedes Mal und grinsen, wenn wir uns sehen über das ganze Gesicht. Er ist auch genauso verlegen wie ich selbst, wenn wir uns begegnen, was auch ein offensichtliches Zeichen ist und selbst unsere harmlosen Flirts wurden immer wieder von anderen via Lauschangriff wahrgenommen.

Mehrmals sagte man mir, dass man förmlich spüre, dass etwas zwischen uns ist bzw. sagte mir eine Kollegin, die ebenfalls auf dem Schiausflug mit war, dass man das Knistern geradezu sehen und hören konnte zwischen uns. Tja, Gefühle kann man eben nur sehr schwer verbergen, egal wie oft man versucht, sie vernunftgemäß zu verdrängen oder ego-mäßig verletzt zu leugnen. Die Liebe ist eine unglaubliche Anziehungskraft und egal wie sehr man sich auch gegen sie erwehren möchte, sie siegt immer (was ja auch gut und schön ist *gg*).

Was ich in den fast drei Jahren „Fernliebe" lernen durfte, ist vor allem eines: bedingungslose Liebe. Wenn man loslässt, obwohl es einem das Herz bricht, um *seinem* Glück nicht im Wege zu stehen. Seine eigenen Bedürfnisse zurückdreht, um *ihn* nicht in eine noch unangenehmere Lage zu bringen. Sich an den noch so kürzesten Begegnungen erfreut und wochenlang davon zehrt. Seine Liebe kundtut, ohne etwas dafür zu erwarten. Geduld lernt. Lernt, bescheiden und zufrieden zu sein, mit dem was man hat oder bekommt. Die Erinnerung so lebendig im Herzen zu halten, als wäre dieser magische Moment soeben erst passiert.

Wahre Liebe verlangt nicht, wertet nicht, erwartet nicht, sie hofft und ist nur.

Natürlich verzehrt sich mein Herz nach Liebe. Selbstverständlich sehne ich mich nach Aufmerksamkeit und wünsche mir einen Partner an meiner Seite, der mich versteht, mit mir durch Dick und Dünn geht, ins Kino geht, spazieren geht, mit mir über Gott und die Welt philosophiert, mit mir einschläft und aufwacht, mir körperlich und geistig nah ist, sein Leben mit mir teilt, mich umarmt und küsst, bei mir ist, doch auch wenn ich all dies nicht habe, so darf ich dennoch erleben, was wahre Liebe bedeutet und wie sie sich anfüllt und dafür bin ich von Herzen dankbar.

Wer weiß schon, was in unserem Leben für uns vorgesehen ist? Selbst meine Hellsichtigkeit vermag mir vieles zu zeigen

94

und doch weiß ich noch nicht, wohin mein Weg mich führt, doch das macht nix, denn der Weg ist das Ziel. Ich folge voll Vertrauen Schritt für Schritt meinem Herzen und achte dabei meine Gefühle, respektiere meine Umwelt und liebe alle Lebewesen. Ich tu was mir gefällt, liebe, was mich liebt, realisiere langsam aber sicher mein Traumleben und hoffe. Ich hoffe, dass auch ich eines Tages die große Liebe in meinen Armen halten und Liebesglück erleben darf, heiraten und eine Familie gründen darf, ein Haus mit Garten mit meiner Familie bewohnen darf, da ich mir dies alles von ganzem Herzen wünsche.

Ich weiß, dass Wunder wahr werden und glaube an mich und meine Träume. Wer nicht mehr träumt, hat schon verloren und verlernt zu lieben und zu leben. Mir ist egal, was andere sagen oder denken, ich folge meinem Herzen und traue meiner Intuition. Ich weiß, dass Gott und die Engel für mich da und bei mir sind und mich führen, weil ich sie darum gebeten habe. Ich bin nicht mehr allein und muss auch nicht mehr alleine kämpfen. Die himmlischen Mächte sind bei mir und behüten mich und helfen mir, meine Träume wahr werden zu lassen. Alles was ich dafür tun muss, ist den Glauben an mich aufrechterhalten und vor allem Licht und Liebe in die Welt zu strahlen.

Anderen zu helfen und ihnen Liebe zu Teil werden lassen, das sind meine höchsten Prioritäten. Für andere da zu sein, ihnen zuhören, sie trösten, mit ihnen lachen und weinen, ihnen meine Zeit und Aufmerksamkeit schenken, dies ist mein Begehr. Jeder möchte geliebt werden und lieben können und darum sollte Liebe unser Fokus sein. Bedingungslose Liebe. Sie erfüllt uns und macht unser Leben erst lebenswert.

Liebe ohne zu fordern und du wirst geliebt. Vergiss deine Erwartungshaltung anderen gegenüber, liebe alle so wie sie sind und wenn du dies nicht kannst, dann akzeptiere ihr „Anderssein" und lass sie gehen.

Vergib deinen Feinden ebenso wie du dir selbst vergibst. Halte nicht an Altem fest. Gräme dich nicht länger. Verzeih und danke deinen Arschengeln! Blicke auf dein Leben und all die Menschen und Situationen, die dich stärker machten. Liebe das Leben selbst! Liebe dich selbst! Sei eins mit dir und verbringe Zeit mit dir. Habe Freude an dir. Belebe dein inneres Kind, lass dich von seiner Leichtigkeit führen und öffne dein Herz und deine Augen wieder für die schönen Dinge im Leben wie Freude, Familie und so weiter.

Wenn du mit deiner Situation unzufrieden bist, entscheide dich jetzt dafür sie zu ändern!

Was willst du mit deinem Leben anfangen? Willst du dahinsiechen oder leben? Willst du ein Quell der Freude sein oder ein Regenmacher? Willst du lieben und geliebt werden oder alleine leben und versauern? Willst du reich sein oder arm? Willst du über den Tellerrand und somit Wunder sehen oder nur soweit deine Nasenspitze reicht? Traust du dir zu dein Leben zu leben oder lässt du weiter anderen die Macht über dich? Lebst du schon deine Träume oder träumst du noch dein Leben? Glaubst du an deine Kraft alles zu erreichen oder hörst du noch auf alle Zweifler?

Wie auch immer du dich entscheidest – bitte tu dies von ganzem Herzen! Hör auf dein Gefühl, wenn du dir die Frage stellst: „Was will ich wirklich?".

Ich habe in dem letzten halben Jahr echt die Hoffnung verworfen, jemals mit meinem Dualseelenpartner zusammen sein zu dürfen, jedoch haben die Botschaften aus der geistigen Welt in letzter Zeit immer mehr den Anschein gemacht, dass mein Glaube tatsächlich Berge versetzen kann, weshalb ich wieder auf das Licht am Ende des Tunnels blicke sowie das Licht und die Liebe in mir erstrahlen lasse. Ich lasse die Masken und Schranken der Angst fallen und stehe zu meinen Gefühlen. Ich glaube wieder an die unendliche Kraft der Liebe und auch an meine unendliche Schöpferkraft!

Meine Intuition und Hellsichtigkeit haben mich noch nie im Stich gelassen! Mir ging es nur schlecht, wenn ich auf andere oder auch meinen eigenen Verstand (meine Zweifel) hörte. Wenn ich mich auf mein Gefühl verlasse, dann geht es mir gut, es erfüllt und trägt mich. Es gibt mir Kraft und Mut. Mein Herz sagt mir, dass ich glauben und hoffen darf und mir mein Wunschleben ausmalen soll, da ich durch die Kraft meiner Gedanken meine Wünsche tatsächlich realisieren kann und auch meine Engel und Gott haben mich noch nie fallen lassen!

Ich glaube ganz fest daran, dass Liebe die Antwort auf alle Fragen ist. Egal worum es geht, die Liebe allein hilft uns, unser Leben zu leben, unsere Ziele zu erreichen, unsere Träume umzusetzen und das von uns Gewünschte anzuziehen. Wünschen, loslassen, vertrauen. Idealzustand visualisieren und somit unsere Gedanken neu ausrichten – das sollten wir immer öfters tun.

12. *Ehrlich zu sich selbst sein*

Durch meinen Unfall war ich vier Monate wie ausgeknockd und wurde immer wieder von Depression und Panikattacken heimgesucht, weshalb ich mir selbst viel Ruhe und Spaziergänge an der frischen Luft verordnete. Die Kraft der Natur wirkt wahre Wunder! Nun bin ich seit einer Woche durchgehend im Dienst, weil ich am Wochenende wieder meine Energetik Ausbildung hatte, welche mein Herz erfüllt und zum Singen bringt und dann stürzte ich heute direkt beim Eingang unseres Amtsgebäudes die Treppe rauf, und fiel mit dem ganzen Gewicht auf mein rechtes Knie, was äußerst schmerzhaft war. In der Nacht träumte ich wieder, dass ich meinen Job kündige und meiner Berufung folge. Ich komme nicht drum herum mir einzugestehen, dass mir mein 40 Stunden Job + Ausbildung jedes zweite Wochenende zu viel werden.

Mein Herz hat sich schon längst für meine Berufung als Energetikerin entschieden, doch mein Kopf sträubt sich noch, weil ich ja trotzdem Rechnungen zu bezahlen habe... Nach zwei Stunden schmerzverzerrtem Herumhumpeln in der Arbeit, ging ich dann ins nahegelegene UKh, um mich sicherheitshalber untersuchen zu lassen, da mir durch den Schreck des Sturzes ziemlich schlecht war und die Schmerzen und Schwellung zunahmen.

Im UKh waren die Behandlung wieder in Ordnung, jedoch fehlt es dort vielen Angestellten leider an Menschlichkeit. Der Radiologe war dermaßen unfreundlich und drückte mehrmals sehr fest auf die ohnehin schon schmerzende Stelle, sodass ich in der Umkleide Kabine schon mit den Tränen kämpfte. Danach musste ich ja wieder in den Wartebereich, wo ich die ganze Zeit über mit mir zu tun hatte, dass ich nicht wieder einen depressiven Anfall bekam, weil ich ohnehin wenig Energiereserven bzw. Substanz habe, nachdem ich meinen Unfall einigermaßen verarbeitet hab, jetzt jedoch wieder die volle Belastung in meinem Job habe, obwohl ich mich in meiner neuen Aufgabe und meinem neuen Umfeld äußerst wohl und gut aufgehoben fühle.

Nachdem ich einen Verband mit Salbe bekam und wieder entlassen wurde, rief ich meinen Bruder an und weinte mich bei ihm aus, ich ließ die Tränen zu und setzte mich in die Sonne auf eine Bank, ich fühlte mich wieder am Boden. Man fragt sich einfach, wie viel noch passieren muss, viele Lektionen noch kommen, bevor man endlich seinem Herzen folgt und vertraut. Ich weiß ja, dass der Wink heute war, dass meine Vernunft mich noch in die Knie zwingt, wenn ich nicht auf mich aufpasse und meinem Herzensweg folge!

Nachdem ich mich auch in der Arbeit nicht mehr halten konnte und meine Tränen zuließ, wurde mir von zwei lieben Kolleginnen ein guter Rat/eine neue Option eröffnet, nämlich eine Stundenreduzierung (ich bin aktuell eine 40 Stunden Kraft) ins Auge zu fassen, um mir so mehr Zeit für mich nehmen zu können und trotzdem arbeits- und leistungsfähig zu sein. Ich erwog noch eine weitere Option, und machte mir heute beim AMS einen Gesprächstermin aus, da ich mich informieren möchte, wie es mit Förderung und Unterstützung aussieht, wenn man kündigt und eine Ausbildung macht, den Termin habe ich nächste Woche.

Ich ging heute ziemlich aufgelöst schon mittags nach Hause von der Arbeit, da wie gesagt meine Nerven am Ende und die Schmerzen auch sehr unangenehm waren (ich ließ mir keine Schmerzmittel geben, da ich seit meiner Sucht damals nur im äußersten Notfall bzw. bei Migräne Thomapyrin nehme oder wenn ich Fieber habe Aspirin C, sonst nehme ich nur natürliche Arznei zu mir). Auf dem Nachhauseweg telefonierte ich mit meiner Mutter und erzählte ihr von den Geschehnissen und den neuen Optionen. Auch meine Psychotherapeutin bat ich um Rat, da ich zwar alleine die Entscheidung treffen muss, aber umso mehr Perspektiven ich habe, umso eher finde ich die passende Lösung für mich.

Auch eine Astrologin habe ich heute zum ersten Mal via Telefon kontaktiert. Ich bat meine Engel um Hilfe jemand geeigneten zu finden, der mir auf die Sprünge helfen kann, in welche Richtung es bei mir weitergehen kann und Dank meiner Engel kam ich zu einer sehr netten Dame, die ich mir selbst über das Internet bei einer Astrohotline aussuchte. Das für mich äußerst Spannende war, dass ich sie nur Hilfestellung meiner Gesamtsituation bat und ihr außer meinem Namen und meinem Sternzeichen keine Daten gab (da ich ja selber Medium bin, achtete ich darauf, auch wirklich die richtige Dame am Telefon zu haben).

Sie konnte mir Dinge sagen, die sie „reinbekam", die mir perfekt als Bestätigung für meine eigenen Botschaften aus der geistigen Welt dienten und mir wieder mehr Sicherheit in meine eigenen Fähigkeiten gaben, was sehr schön war und wofür ich von ganzem Herzen dankbar bin. Auch ein paar wertvolle Tipps gab sie mir mit, wie man bewusst Blockaden lösen kann, indem man sich (am besten in einem meditativen

Zustand) hinsetzt, in sich hineinspürt und die Blockaden wahrnimmt, diese aus dem Körper zieht, in ein Paket oder eine Schachtel gibt, welche man in ein silbernes Papier wickelt mit einer blauen Schleife rundherum und dann ins Licht in Heilung schickt (das ist mein eigenes Ritual) und dann die jetzt leere Stelle im Körper mit zum Beispiel goldenem Licht transformiert und somit heilt (oder mit rosa, violettem oder grünem Licht, was einem mehr zusagt).

Mehr Bewegung an der frischen Luft und in der Natur hat sie mir (wie auch meine Engel und die Feen/Naturgeister) ebenfalls empfohlen, weil ich so meinen Geist klären und Kraft tanken kann und vor allem können wir beim Gehen oder sitzen bewusst Fremd- und Negativenergie über unsere Füße an Mutter Erde ableiten und uns somit wieder reinigen. Einfach wundervoll wie dieser Kreislauf funktioniert! Geben und Nehmen im Ausgleich. Wir helfen anderen und dürfen Mutter Erde diese Energie übergeben, damit sie sie wandeln kann und wir uns damit wieder auftanken können, einfach wunderbar!

Die Astrologin bestätigte mir ebenso wie meine Engel und Kolleginnen, dass eine Kündigung wohl sehr radikal und unnötiger Stress wäre, weshalb auch sie eine Stundenverringerung für mich reinbekommt und auch, dass es an der Zeit ist (was mein Herz mir schon lange sagt, ebenso wie meine Engel), dass ich langsam als Energetikerin anfangen kann zu arbeiten, da die Kunden von selbst zu mir kommen werden, wenn ich mich dem öffne, und auch, dass ich mein ganzes Potenzial noch lange nicht ausgeschöpft habe, weil mich die Angst noch blockiert.

Es ist wirklich faszinierend, wenn man von einem wildfremden Menschen alle Dinge, die einem im Herzen beschäftigen bestätigt bekommt, die man selbst genauso von der geistigen Welt empfangen und interpretiert hat, danke nochmal dafür meine lieben Engel!

Lustig war für mich auch, dass ich eigentlich eine Gesamtsituation Reflexion wollte, und die Dame gleich mit der Liebe für mich anfangen wollte, weil sie diese reinbekam... Was mich sehr freute war, dass sie gleich fragte, ob da ein Herzensmann sei, und dass sie auch sah, dass dieser eine starke Verbindung zu mir hat wie auch, dass er jedoch noch gebunden ist, jedoch auf Signale von mir warte, was mir auch meine Engel seit einiger Zeit schon sagten!

Total schön und spannend zugleich, dass ich die Botschaften aus der geistigen Welt so klar reinbekomme, wie auch erfahrene Medien ;) Ich freu mich sehr und fühle mich dadurch bestätigt und gestärkt, denn sie sagte mir ebenso wie meine Engel, dass ich eine erfolgreiche Karriere als spirituelle Beraterin und Channel vor mir habe, was genau meinem Herzenswunsch entspricht.

Die Menschen mögen davon halten was sie wollen, ich weiß für mich, dass dieses Telefonat heute genau richtig und wichtig war, um die Bestätigung zu erhalten, dass ich meinen Kräften blind vertrauen und mir ruhig mehr zutrauen und vor allem den Botschaften meiner Engel vertrauen darf und kann, was mir inneren Frieden gibt. Ich weiß, dass es gerade im Bereich Esoterik, Energetik und Astrologie extrem viele Scharlatane gibt, weshalb seriöse Lichtarbeiter – wie ich zum

Beispiel – sehr schnell in Verruf kommen oder gar nicht ernst genommen werden, doch das ist mir egal.

Wer mich kennt, weiß, dass ich aus tiefstem Herzen handle und spreche und authentisch bin, was meine Botschaften und meine eigene Lebensweise angehen und das ist für mich alles was zählt. Nur Gott darf über mich richten, alle anderen sind wie ich Reisende der Liebe auf dem Weg zu sich selbst und sollte jeder für sich selbst entscheiden, welchen Weg er für sich einschlagen möchte.

Ich wünsche uns allen viel Licht und Liebe auf unseren Wegen und vor allem den nötigen Mut, zu uns zu stehen und unseren Weg zu gehen, auch wenn alle anderen „dagegen" sind, weil sie es nicht für möglich (oder vernünftig) halten, doch vergesst bitte nie: Das ist DEREN Ansicht und eventuelles Problem, nicht unseres! Holt euch bitte Rat ein, wägt alle Möglichkeiten ab und versucht viele Perspektiven und Möglichkeiten zu sehen, doch lasst euch bitte niemals von eurem Herzensweg abbringen!

Handelt in eurer Zeit mit euren Mitteln, so wie ihr es für richtig erachtet. Jeder Mensch hat sein eigenes Entwicklungstempo, darum sollte auch jeder für sich entscheiden wann er wie handelt. Sei du selbst wieder ein Vorbild für andere und handle entsprechend deinem Herzen, dann werden auch andere deinem Exempel folgen und so verbreiten wir immer mehr Liebe und Glück in der Welt.

Mein größtes Anliegen ist es, Gott und dem Großen ganzen zu dienen, da es mich von innen heraus zutiefst erfüllt, wenn ich anderen helfen darf und kann. Ich sehe mich selbst als Heilerin mit meinen Worten, weil wildfremde Menschen auf mich zugehen und mir ihr Vertrauen schenken und mich um Rat fragen (passierte mir früher ständig und auch jetzt seit Kurzem gehen wieder wildfremde Leute auf mich zu, weil sie Hilfe brauchen, was mich sehr freut und mir zeigt, dass ich auf dem richtigen Weg bin).

Selbst Kinder gehen jetzt offen auf mich zu, was für mich schön ist, da ich zum ersten Mal in meinem Leben auch ihnen gegenüber offen bin.

Ich wollte mein Leben lang niemals eigene Kinder, machte auch immer etwas böse Scherze darüber, weil ich einfach nie das Bedürfnis hatte, Leben in diese doch sehr seltsame und oft negative Welt zu setzen, bis ich hellsichtige Träume von Ihm, mir und unserer gemeinsamen Tochter hatte...

Anfangs dachte ich noch, es handle sich dabei um mein inneres Kind, jedoch meinte meine Energetikerin und beste Freundin nur schmunzelnd, dass dies sehr wohl meine eigene Tochter ist, die immer wieder in meinen Träumen (vorwiegend mit Ihm) vorkommt! Anfangs dachte ich noch „Oh mein Gott, ich und ein Kind – das arme Kind!", weil ich einfach schlichtweg Angst hatte. Angst vor Verantwortung, vor Veränderung, vor genug materieller Sicherheit, einer stabilen Beziehung und so weiter und so fort.

Doch etwas änderte sich, Ich änderte mich und vor allem änderte sich meine Sichtweise durch die hellsichtigen Träume mit Ihm und „unserer Tochter". Ich machte mein Herz allmählich für die Möglichkeit auf, dass ich tatsächlich einmal eine eigene kleine glückliche Familie haben könnte auf und siehe da – auf einmal fühlte ich mich wohler, weil ich meine Weiblichkeit (das Geschenk leben schenken zu können) annahm, sogar meine seit ich denken kann massiven Schmerzen während meiner Periode verschwanden fast vollständig, bis auf weit erträglicheres Bauchziehen an den ersten beiden Tagen!

Ich liebte es immer schon eine Frau zu sein, mit Kurven und Verstand sowie Charme und Leichtigkeit andere zu verzaubern, doch führte mein inneres Sich-Sträuben gegen eine Mutterschaft dazu, dass ich schmerzhafte körperliche Symptome durchmachen *musste*, bis ich endlich verstand, warum! Unser Körper ist ein Wunderwerk sag ich inzwischen immer wieder voller Hochachtung.

Wir dürfen Erfahrungen sammeln und lernen, wenn etwas nicht gut für uns ist, spüren wir dies zunächst. Nehmen wir dies nicht ernst, kommt es zu einem körperlichen Symptom, welches ja nur wieder ein manifestierter Gedanke ist. Beachten wir dieses Symptom nicht, wandelt es sich in ein chronisches Leiden bzw. kann es dazu kommen, muss aber nicht sein.

Meiner Erfahrung nach, können sich selbst jahrelange chronische Leiden wie Migräne, Rheuma, Allergien etc. verbessern, wenn nicht sogar verschwinden, wenn wir die Ursache herausgefunden und die Lektion verstanden und gelernt haben, ist das nicht wunderbar und hoffnungsvoll? Wir dürfen lernen und heilen uns damit selbst!

Bei Krankheiten von Geburt an, sieht das Ganze vermutlich anderes aus, doch glaube ich, dass auch hier unsere *gesunde* Einstellung dazu uns ein Leben ermöglicht, welches sich für uns als lebenswert betrachten lässt. Wir müssen nicht leiden und werden nicht von Gott bestraft! Wir dürfen lernen und wachsen und das Beste aus uns herausholen und unsere Träume leben!

Ich bewundere immer wieder Menschen, die von der Norm abweichen (sei es körperlich oder wie auch immer) und mit welchem Mut und welch einer Freude und Leichtigkeit sie ihr oftmals schwieriges Leben meistern und somit als Vorbild für uns alle dienen! Ich ziehe meinen Hut vor diesen wundervollen Erdenengeln, die uns durch ihr Vorleben zeigen, wie stark wir sein können, wenn wir an uns und unsere Träume glauben. Solche Menschen sind ein Geschenk des Himmels!

Bedenke bitte immer, dass aber auch DU ein Wunder bist! Du hast ebenso wie jeder andere die Macht, die Welt ein Stückchen besser zu machen, indem du deinem ureigenen Weg folgst, vergiss das bitte nicht! Und warte nicht auf die Erlaubnis von irgendjemandem, achte auf die Zeichen, die dich täglich erreichen! Wenn du Rat und Hilfe brauchst, bitte darum und dir wird gegeben werden.

Auch ich kämpfte mich heute durch den ganzen Tag und fühlte mich hundeelend, jedoch gab ich die Hoffnung nicht auf, weil ich ja weiß, dass jedes Problem auch die Lösung in sich birgt! Ich ließ zum ersten Mal meinen Gefühlen freien Lauf und ließ die Tränen öffentlich zu, die über meine Wangen kullerten. Ich sagte zum ersten Mal öffentlich, dass ich am Limit sei und nicht mehr weiterweiß.

Erst wenn wir uns unsere Gefühle eingestehen und zu uns stehen, können sich Türen schließen, damit sich neue Tore öffnen können – auch gern in Form von Erdenengeln, die uns aus eigener Erfahrung wertvolle Tipps geben können! Dass zum Beispiel die eigene Gesundheit oberste Priorität hat, weiß man im Grunde ja, doch wir handeln selten danach! Somit tut es gut, wenn man tröstende Worte von Personen bekommt, die ähnliche Erfahrungen gemacht haben und einem so gute Ratschläge erteilen können, wie man sich selbst helfen kann ohne dabei den Boden unter den Füßen zu verlieren.

Glaub an dich und öffne bitte dein Herz wieder. Lebe den Schmerz ebenso wie die Liebe. Lass deine Gefühle zu und vergrab sie nicht länger! Du kannst dich schützen durch dein offenes Herz! Indem du dir Liebe angedeihen lässt und dich so lebst und zeigst, wie du wirklich bist, kann die Liebe zu dir zurückkehren in Form von helfenden Menschen und wertvollen Ratschlägen!

Mauere dich nicht länger ein! Zieh einen Schutzkreis um dich herum (im Geiste), der die anderen in sicherem Abstand von dir fernhält, jedoch lasse auch Menschen, die dir am Herzen liegen zu dir herein in deinen inneren geschützten Raum! Mache bewusst den einen deine Türe auf und verschließe sie denen, die dir nicht guttun. Übernehme die Verantwortung für dich und achte dich und deine Gefühle sowie deine eigenen Grenzen.

Ich öffne täglich in meiner morgendlichen Reiki-Meditation-Session mein Herz (im Uhrzeigersinn) und schließe meinen Solarplexus (gegen den Uhrzeigersinn) und stelle mir meinen Schutzkreis mit 1 ½ m Durchmesser um mich herum vor, der Kinn hoch ist und diejenigen von mir abschirmt, die meine Grenzen nicht achten, weil sie selbst unsicher sind. Das konnten sie früher mal machen, doch das lasse ich jetzt nicht mehr zu. Ich achte mich und meine Gefühle und stehe zu mir! Wenn diese sich dann beleidigt zurückziehen, ist das ihr gutes Recht, jedoch ist es IHRE Entscheidung und nicht meine. Ich kann nur für mich sorgen und handeln und das tue ich jetzt auch.

In Selbstmitleid versinken hat noch keinem geholfen, doch seine Gefühle zuzulassen ist notwendig! Wie immer ist es die goldene Mitte, die uns guttut. Finde doch für dich selbst heraus, was gut für dich ist, wen du an dich ranlassen oder auch fernhalten möchtest! Lass dich nicht überfahren, sondern stehe auch mal über den Dingen! Hast du Kummer, sprich mit jemandem darüber, friss nicht deine Sorgen in dich hinein, das macht dich nur krank und bringt dich irgendwann um.

Teile dich mit, behandle dich selbst so, wie du deinen besten Freund/deine beste Freundin behandeln würdest und versuche auch, deine Situation aus deren Perspektive zu sehen! Verkrieche dich ruhig mit deinem Kummer erst einmal, wenn dir nach Rückzug ist. Auch ich habe erst mal im Büro die Türe zugemacht, um mich sammeln zu können, da ich wie gesagt ganz schön aus dem Konzept gerissen wurde durch den Sturz heute!

Doch war auch der *Unfall* heute wieder ein notwendiger Wink von oben, der mir *etwas unsanft* aufzeigte, dass ich besser auf mich und meine Energie achten muss, wenn ich nicht wieder krank werden möchte! Ohne diesen Zwischenfall heute, hätte ich mich wohl wieder über meine Grenzen hinaus verausgabt im Dienst und wäre schneller als mir lieb ist vermutlich wieder in die Depression oder sogar ins Burnout gerutscht.

So jedoch wurde ich rechtzeitig aufmerksam gemacht, wurden mir neue Perspektiven aufgezeigt und andere Optionen offenbart, um gut für mich sorgen zu können und trotzdem abgesichert meinem Herzensweg folgen zu können. Gut Ding will Weile haben heißt für mich in diesem meinen Fall, dass ich nun die Möglichkeit zur Stundenreduzierung ins Auge fassen und gleichzeitig meine Mangelblockaden in Form von Angst behandeln und Schritt für Schritt auflösen kann, damit ich einerseits die Sicherheit eines geregelten Einkommens habe, andererseits trotzdem meinem Herzensweg und Traum der selbstständigen Energetikerin, folgen kann.

Ich danke Gott und den Engeln für diese wertvolle Lektion und übe mich nun wieder im Visualisieren meiner Wünsche, nutze meine Vorstellungskraft, um mir das von mir erwünschte Ergebnis gut vorzustellen und das Ganze somit zu manifestieren und vertraue Gott, dass er die beste Lösung für mich findet und mir angedeihen lässt, wenn ich mich weiterhin für Neues vertrauensvoll öffne.

13. *Neue Wege*

Wenn dich das Leben (wie in meinem Fall im wahrsten Sinne des Wortes) in die Knie zwingt, dann fühle in dich hinein, was dir das liebe Universum damit sagen will! In meinem Fall denke bzw. fühle ich, dass mich mein Job im Amt förmlich in die Knie zwingt, mich auslaugt, ich mich verausgabe und schnellstens wegmuss. Ich weiß, dass ich im Herzen Energetikerin bin, doch bis ich in die Selbstständigkeit gehe, brauche ich doch auch noch die finanzielle Sicherheit bzw. Zeit, mir meinen Traum vom selbstständigen Arbeiten erfüllen zu können, da man ja auch mal regelmäßige Klienten braucht, um Fuß fassen zu können.

Mein Herz sagt mir schon lange, dass ich weg soll vom Bund, weil diese Umgebung und Arbeitsweise zu harsch für mein immer sensitiveres Gemüt sind, daher habe ich mich schon seit Längerem Neuem geöffnet. Ich habe mich als Laienhelfer angemeldet und via Facebook heute ein sehr interessantes Jobinserat entdeckt, welches sehr genau auf die Beschreibung und Vorhersagen meiner Engel passt, da es in der Ausschreibung um Nachwuchsführungskräfte mit kaufmännisch-technischer Ausbildung geht.

Ich habe die IT-HAS absolviert und bin ein Technikfreak durch und durch und weiß auch, dass es mir in die Wiege gelegt wurde, andere Menschen liebevoll bewusst zu führen. Im Inserat waren nur wenige Infos, doch die, welche mich aufhorchen ließen, waren dabei und darum habe ich mich auf gut Glück soeben beworben, mal gucken!

Meine Devise lautet unter anderem ja „no risk, no fun" – wer nicht wagt, der nicht gewinnt. Entweder es passt und ich darf

110

mich persönlich vorstellen und bekomme genauere Infos, oder es passt nicht und etwas Besseres kommt nach, ich vertraue da meinen Engeln und dem lieben Gott vollkommen, da diese wissen, wie ich meine Talente am besten für das große Ganze einsetzen kann.

Es nimmt einem echt den Druck, wenn man mehr vertraut! Ich kann euch nur empfehlen, es auch zu versuchen und bitte glaub mir: Ich WEISS, wie schwer dies ist! Meine Finanzen sind am heilen und dennoch plagen mich immer wieder Mangelgefühle und –gedanken, doch gebe ich nicht auf! Ich gebe immer wieder meine Ängste an die Engel ab und fokussiere Fülle und Heilung. Ich glaube an mich und meine Träume, ich weiß, dass ich alles schaffe, was ich mir vornehme und wünsche, da Gott auf meiner Seite ist!

Bekomme ich mal etwas nicht, weiß ich, dass etwas Besseres nachkommt. Geschieht etwas anders, als ich es erwartet habe, weiß ich, dass ich überrascht und hoch erfreut sein werde, über Gottes geniale Lösung und Umsetzung. Wir dürfen immer darauf vertrauen, dass das liebe Universum immer die beste Möglichkeit für uns heraussucht und alles daransetzt, dass wir das Gewünschte erhalten, wir müssen nur das Geschenk annehmen und dankbar sein für alles Gute, was schon in unserem Leben ist.

Richte deinen Fokus auf Fülle und Dankbarkeit und du bekommst noch mehr Fülle und Dinge, für die du dankbar sein kannst! Das Gesetz der Anziehung funktioniert eben immer einwandfrei. Befasse dich mit den Dingen, die du magst und die dir Freude bereiten und dich erfüllen und dein Leben wird sich ändern mit dir und deiner Einstellung. Sei du selbst der Wandel, den du in der Welt sehen willst und handle nach deinem Herzenswunsch. Vergiss nicht, dass nicht dein Kopf oder dein Bauch allein entscheiden sollten, sondern beide im Einklang.

Wäge ab, was du für Möglichkeiten hast und entscheide mit Herz und Vernunft!

Affirmiere täglich, was du dir wünscht und richte deine gesamte Aufmerksamkeit auf das, was du fühlst und liebst. „Ich stehe zu meinen Gefühlen, bin authentisch und ziehe jetzt automatisch an, was ich verdiene.", könntest du zum Beispiel mehrmals täglich in deine Gedanken einbauen. Immer wieder, vor dem Aufstehen, beim Zähneputzen, im Bus… immer, wenn du daran denkst, richte deine Aufmerksamkeit auf deine Wünsche und du kannst aus Luftschlössern Realität machen.

Zum Beispiel ist es für mich nun an der Zeit, die Fülle in meinem Leben herzlich willkommen zu heißen, weshalb ich in einem Traum die Botschaft bekam, „Ich kann mir alleine ein Haus leisten.". Die Vernunft schreit förmlich „Das kannst du nicht", doch mein Herz sagt mir, dass ich das doch kann, wenn ich es will und daran glaube und ich glaube an mich!

Wenn man etwas oder jemanden von ganzem Herzen liebt, denkt man automatisch jeden einzelnen Tag immer wieder daran und woran man jeden Tag denken *„muss"*, das sollte man nicht aufgeben, sondern dafür sollte man einstehen und darum kämpfen, wenn nötig! Kampf jedoch bitte nicht im herkömmlichen Sinne, da Kampf etwas mit Zwang und unfreiem Willen zu tun hat, sondern im unendlichen

Fokussieren auf Liebe. Ebenso sollten wir uns auf Mitgefühl, Dankbarkeit und Dienen konzentrieren!

Sei nicht traurig oder enttäuscht von dir, wenn du immer wieder abdriftest mit deinen Gedanken oder (in deinen Augen) länger brauchst für etwas, gönn dir kleine Erfolge und nimm dir die Zeit für dich, die du brauchst! Finde deinen Rhythmus und lebe ihn in jeder Hinsicht und Lebenslage! Bist du in Eile, gehe langsam sagte einst schon Buddha und hat damit wohl gemeint, dass es nichts bringt, wenn man in Eile ist, sich noch mehr zu stressen, da die Situation sich dadurch bestimmt nicht bessert, im Gegenteil!

Ich habe es mehrmals ausprobiert, dass ich, wenn ich so richtig Stress hatte wegen einem Termin oder was auch immer, mich auf Ruhe und Gelassenheit fokussierte und siehe da, auch wenn es manchmal knapp war, ergab sich eine göttliche Fügung, dass die teilweise eingetroffene Verspätung nicht so schlimm war, wie erst befürchtet, da zB der Arzt selbst noch in einem Termin war, welcher sich nach hinten verschob.

Du hast immer die Wahl: Lenkst du deine Aufmerksamkeit auf das Positive oder Negative. DU entscheidest! Triff deine Wahl immer mit Vernunft UND Herz, dann liegst du immer richtig. Sei immer realistisch und glaube an Wunder. Mit gefällt der Satz „...und gleich geschieht etwas Gutes." sehr gut, da man so automatisch das Beste erwartet und so auch das Gute anzieht.

Es gibt viele, die sagen, dass man nichts erwarten oder müssen soll, doch wenn man *muss*, dann muss man! Probier' mal mit voller Blase nicht zu *müssen* und du weißt, was ich meine! Ebenso müssen wir irgendwann sterben, das sieht das Leben sowie die Natur so vor, dagegen kannst du dich noch so sehr auflehnen, doch wirst du an der Tatsache nichts ändern können. Du kannst die Gegebenheit nur annehmen und das Beste aus deiner Zeit auf Erden machen, die Wahl liegt wie immer bei DIR allein.

14. *Finde die Freude*

Was für uns essentiell sein sollte, ist die Freude. Freude am Dasein, an der Liebe und am Leben selbst. Wenn du Freude im Herzen hast, kannst du alles erreichen und vor allem gehst es dir einfach gut, wenn du dich freust. Denk zum Beispiel an barfuß durch die Wiese zu laufen, einen Hang hinunterrollen, am Meer sitzen und die salzige Luft schmecken sowie das Meer rauschen hören, auf einem Berggipfel hinunter ins Tal oder in die weite Ferne zu blicken, ein Sonnenaufgang, den Sternenhimmel,... was auch immer dir Freude bereite, denk daran – ganz besonders dann, wenn es dir gerade nicht so gut geht.

Leg dir eine Art „Selbsthilfeprogramm" zu, indem du dir etwas suchst (eine Erinnerung, ein Lied, ein Gedanke), was dich von Herzen erfreut. Sei es etwas, was du schon erlebt hast, jemand, den du kennst, was auch immer und wenn du mal sehr gestresst, down oder überfordert bist, denkst du an diese Herzensfreude. Mit allen Sinnen und Gedanken und Gefühlen lässt du dich so richtig darauf ein, mindestens 1-2 Minuten, am besten etwas länger – so lange du eben brauchst, um wieder die Freude in deinem Herzen zu spüren.

Was mir immer sehr gut hilft, ist ganz bewusstes atmen, das geht auch im Büro und fällt nicht weiter auf. Dazu schließe ich eventuell auch die Augen, falls dies nicht möglich ist warum auch immer, atme ich einfach ganz tief und bewusst ein und aus und beobachte meinen Atem. Ich fokussiere mich auf das Jetzt, auf meinen Körper, auf meinen Bauch und meinen Brustkorb und lasse den Atem fließen, ich gebe mich dem Leben und dem Moment völlig hin.

Nach ein paar tiefen bewussten Atemzügen, durchströmt mich immer ein Gefühl von innerem Frieden, von Ruhe und Gelassenheit und ich komme wieder in meine Mitte und in dieser ist ja unser kreatives und schöpferisches Potenzial zu finden, welches uns dabei hilft, wieder innovativ und konstruktiv zu handeln und zu denken und außerdem stärkt uns das Gefühl von innerem Frieden ungemein.

Freude und Frieden hängen für mich persönlich immer zusammen. Bin ich mit mir im Frieden, kann ich Freude fühlen und empfinden. Bin ich mit jemandem im Unfrieden, tu ich mir schwer, mich für diesen oder mit diesem freuen zu können. Der Grund hinter Wut oder Hass ist meistens Angst und dahinter steckt wie immer die Liebe, darum liebe dich. Liebe dein Leben, deine aktuelle Situation, versuche auch, die vermeintlichen Fehler an anderen zu lieben, die dich vielleicht in diesem Moment so aus dem Konzept bringen! Verzeih dir selbst deine vermeintlichen Fehler und nimm dich an.

Das Leben – wie auch wir selbst – ist ein Geschenk, welches uns von Gott/dem Universum/von wem auch immer gegeben wurde, und dafür sollten wir stets dankbar sein. Wir könnten auch in einem Kriegsgebiet leben, ohne Wasser, ohne Strom, ärztliche Versorgung, etc. Doch leben – die meisten von uns – in einem Land, in dem wir sogar ein soziales Netz haben, welches uns auffängt.

Die, die wirklich hungern müssen, haben sicher auch Angst und diese ist auch *berechtigt*, da es diesen Menschen an grundlegenden Dingen wie Nahrung und Versorgung fehlt! Doch selbst diese krisengebeutelten Menschen haben etwas, das sie am Leben erhält: Liebe und Hoffnung! Menschen

116

können einem alles schenken oder nehmen, doch die Liebe im Herzen obliegt DEINER Verantwortung!

Verschließt du dein Herz vor dir selbst und anderen und schädigst dich damit, oder öffnest du dein Herz und somit das Tor zu dir und lässt so andere an deinem Leben teilhaben. Du hast wie immer die Wahl, vor wem du dich schützen möchtest und wen du herein lässt in deinen inneren Raum! Du musst nicht jeden lieben oder mögen, doch kannst du genauso Gutes tun, indem du die negativen Schlagzeilen und Nachrichten nicht weiter aufnimmst, sondern sie nur durch dich und deine Gedanken durchlässt und vor allem, kannst du etwas tun: Liebe verbreiten!

Während alle über die Täter und Verbrecher klagen, bete ich für die Opfer und auch für die Täter, damit sie vielleicht doch noch eines Tages Einsicht erlangen. Ich ergreife für niemanden Partei und heiße keine Verbrechen oder Gewalttaten gut, jedoch sollten wir auch bedenken, was zB. Jesus Christus *anscheinend* gepredigt hat (Nächstenliebe) und was die Kirche während des Kreuzzuges etwa oder zu Zeiten der Inquisition daraus gemacht hat, nämlich Mord und Totschlag im Namen „Gottes"!

Nicht Gott ist *böse*, sondern die Absicht des handelnden Menschen kann böse sein! In Wahrheit ist nichts böse oder gut, es ist immer beides, jedoch im Ungleichgewicht, weil fast immer eines der beiden überwiegt, die Wahl liegt wieder bei DIR. Sei bitte vorsichtig mit Aussagen und Meinungen, die du dir durch Medien etc. angeeignet hast und hinterfrage wieder, wie stimmig sich diese Aussagen für dich und deine

Wahrheit anfühlen. Sei wie immer kritisch und authentisch und mach dein eigenes „Ding" daraus.

Denk daran, die Freude in deinem Leben zu finden und zu leben und deine Gefühle zu beachten. Wenn du traurig bist, lass die Trauer in Liebe zu und dann fokussiere dich wieder auf Freude. Verdränge nicht länger, lebe dich. Das Leben kann so schön und leicht sein, wenn du es nur zulässt! Alles ist in Ordnung, wenn du es so siehst und annehmen kannst. Sieh die vielen kleinen positiven Dinge in deinem Leben, akzeptiere die negativen und fokussiere die guten!

Wenn du so wie ich ein Naturmensch bist, dann geh hinaus ins Grüne, geh an die frische Luft und riech an einer Blume, erfreu dich an den vielen Farben und beachte den eigenen selbstständigen wundervollen Rhythmus des Lebens selbst. Spüre dich als Teil vom großen Ganzen. Nimm dich als Puzzleteil des Lebens wahr und verstehe/begreife, dass du auch ein Wunder bist, dass du wichtig bist, dass ohne dich etwas fehlt, nämlich deine Einzigartigkeit.

Wir alle tragen jeder ein Stückchen bei zu unserer Welt, darum lass uns Freude und Mitgefühl verbreiten anstatt Angst und Wut. Wenn die Menschen schimpfen, dann segnest du sie mit Liebe. Wenn dich jemand verletzt, sende ihm Liebe und Mitgefühl. Wenn dein Ego dich Schach mattsetzen will und dir darum Angst mach, umarme es und drehe es leiser und fokussiere wieder Liebe und lass dich vom Leben tragen und von der Liebe und dem Licht um dich herum erfüllen und einhüllen. Sei einfach du und lebe dich. Genieße dein Dasein und lass dich nicht von deinem Weg abbringen. Betrachte dich als Geschenk und Wunder und ermögliche auch anderen dich so zu sehen. Sei Liebe und sende Liebe, dann wirst auch du Liebe erfahren. Das Gesetz der Anziehung wirkt immer, darauf kannst du vertrauen und darauf kannst du dich verlassen. Sei froh wie die Maus im Haferstroh wie es so schön heißt und habe Spaß am Leben und an dir!

15. _Entschlossenheit_

Es ist einfach unglaublich, was ein von Herzen gefasster Entschluss alles bewirken kann! Dass ich mich in der Liebe für meinen Herzensmann entschieden habe nach jahrelangem Vernunftwiderstreben, war wie eine Erlösung für mich. Ich habe es die ganze Zeit über gefühlt, jedoch hat mir mein Verstand versucht einzureden, dass es nicht sein darf/keinen Sinn hat etc. Ich habe der Stimme der Angst gehorcht und auf alle Menschen in meinem Umfeld gehört statt auf mich und meine eigene innere Stimme zu vertrauen, dies ist nun vorbei.

Mein Herz hat _Ihn_ von Anfang an erkannt und mich ermutigt, auf ihn zuzugehen, was ich nun wieder gemacht habe und jetzt lasse ich mich nur mehr von meinem Herzen leiten, egal was mein Verstand dazu sagt oder davon hält, ich lebe meine Gefühle und meine Wahrhaftigkeit. Ich bin ich und stehe zu mir. Ich lasse die Liebe wieder fließen wohin sie will und höre auf, sie irgendwo hinzulenken zu versuchen, wo sie meiner Meinung nach besser passen würde.

Ich weiß, dass _Er_ der Eine ist und immer war und auch, wenn die äußeren Umstände nicht so optimal aussehen, so vertraue ich dennoch auf die Weisheit und Güte Gottes, dass alles gut ist, so wie es ist, und dass wir ein gemeinsames Happy End erleben dürfen, weil wir einfach zusammen ehören. Dank vieler Botschaften aus der geistigen Welt und meinen hellsichtigen Träumen, weiß ich ja, dass dies die einzige Wahrheit ist. Danke dafür!

Nun ist auch im Job Mut angesagt: Ich spüre ja schon monatelang, dass mein Job nicht der richtige für mich ist und

120

weder mein Herz zum Singen bringt, noch meine Seele erfüllt, weshalb ich nun, nach langem Zögern der Vernunft, den Schritt der Kündigung wage. Ich traue meiner Intuition und den Botschaften meiner Engel, dass ich vertrauen darf, und dass ich versorgt bin, solang ich nur auf mein Herz höre.

Ich fühle, dass sogar mein ungeliebter Job mich sogar von meiner Fülle abhält. Insofern, als dass ich es nicht übers Herz bringe, meinem Job Sinnhaftigkeit zu verleihen (im Sinne der Liebe). Natürlich ist mein Job im Amt wichtig und für den Betrieb von Bedeutung, jedoch bedeutet er MIR nichts. Ich fühle mich leer, müde und ausgelaugt. Das liegt nicht nur daran, dass wir mehr Arbeit reinbekommen, als wir bewältigen und aufarbeiten können.

Wenn ich mir meine KollegenInnen so ansehe (generell meine Freunde und Bekannten), dann komme ich immer wieder zu dem Schluss, wie viele einem ungeliebten Job nachgehen und resignieren oder zu bequem sind, um etwas zu ändern. Lieber arbeiten sie bis zur Pension in einem ungeliebten nicht erfüllenden Job, als ihrem Herzen zu folgen, etwas zu riskieren und somit wahres Glück und Freude erleben zu können!

Wenn sie es so machen wollen, bitte gerne – ich wünsche ihnen von Herzen Licht & Liebe auf ihrem Weg. Doch für MICH ist das nicht der richtige Weg! Ich folge dem Ruf meines Herzens. Ich öffne mich den vielen Möglichkeiten und täglichen Wundern, die uns unser Leben jeden einzelnen Tag aufs Neue offenbart und eröffnet. Ich strecke meine Fühler in alle Richtungen aus, in die es mein Herz zieht und wage erneut den kompletten Neustart. Ich weiß ja aus Erfahrung bereits, dass einem Neustart immer Erleichterung und Freude einhergehen.

Nach meinem Sturz letzte Woche, der mich in die Knie zwang, erlebte ich auch gestern nach drei dienstfreien Tagen eine massive körperliche Reaktion auf meine Arbeit. Kaum war ich im Dienst, bekam ich extreme Bauchkrämpfe und wurde mehrmals ordentlich „durchgeräumt"! Ich mag meine Kollegen und schätze ihre Art und Hilfestellung sehr, doch fühle ich mich in der Arbeit schnell erschöpft, müde, matt und ziehe mich gern zurück in mein Büro, um Ruhe zu finden.

Schau ich mir meine Idole und Vorbilder bzw. Lehrer an, so weiß ich, dass es auch anders geht! Diese meine Vorbilder LIEBEN was sie tun! Sie lieben ihren Job, leben ihre Talente und beglücken sich und andere damit und dies ist auch mein Begehr! Ich gehe MEINEN EIGENEN WEG, den noch nie jemand vor mir gegangen ist, jedoch folge ich einfach meinem Herzen – dieses wird mir meinen Weg Schritt für Schritt zeigen und wie auch die Menschen in Rhonda Byrnes „Hero" erzählen, so ist es auch nicht unbedingt nötig, den ganzen Weg zu kennen!

Hauptsache ist, dass wir einfach einen Fuß vor den anderen setzen und einfach unseren Weg Schritt für Schritt gehen! Dabei dürfen wir unser Ziel im Auge behalten und durch Visualisieren und Träumen lebendig werden lassen. Ich bekomme schon länger die Botschaften, dass meine Karriere in die Richtung IT und Führungsposition geht und als ich auf Facebook eine Kurzbeschreibung stehen sah, ergriff ich die Chance mich zu bewerben.

Heute beschloss ich für mich, dass ich meinem Job ein Ende setze, da ich die längste Zeit schon fühle, dass ich das Alte erst abschließen muss, um das Neue willkommen heißen zu können, doch das Neue ist schon da und wartet nur noch auf mich, weshalb ich heute für mich Impulse gesetzt habe.

Erst habe ich den gestern eingebrachten Antrag auf Bildungskarenz zurückgezogen, da dies beim derzeitigen Arbeitsaufwand leider unrealistisch ist und außerdem, weil es mir meine derzeitige Tätigkeit nicht erlaubt, außerhalb des Bundesdienstes einer weiteren Tätigkeit nachzugehen, was den Todesstoß für meine Karriere als Energetikerin bedeutet, was ich nicht zulasse.

Ich habe also den Antrag heute zurückgezogen mit dem festen von Herzen geschlossenen Entschluss, dass ich nächste Woche schriftlich meine Kündigung einreiche. Dies schrieb ich schon vormittags meiner besten Freundin, da sie die Einzige ist, die mich in der Hinsicht versteht, dass ich meinen sicheren Job aufgebe, weil mir mein Herz bei der Arbeit fehlt.

Ich als sensitiver Mensch kann so auf Dauer nicht weitermachen, weil mein Herz sich wehrt, mein Geist dies manifestiert und mein Körper anfängt, zu streiken und meine Gesundheit liegt mir sehr am Herzen! Am Nachmittag dann, begann ich bereits die nächsten Schritte zu setzen und find an, mein Büro aufzuräumen, das heißt, meine Deko Gegenstände in Schachteln zu packen, alten Papierkram zu entsorgen, etc.

Auch der netten Dame vom AMS, bei der ich am Dienstag wegen dem Infogespräch war, schrieb ich eine E-Mail, dass ich nächste Woche meine Kündigung einreiche, weil meine Arbeit mir die Bildungskarenz nicht ermöglicht und meine

Gesundheit bereits darunter leidet. Da ich dahinwerkelte, merkte ich nicht, dass mein Handy vibrierte. Als ich etwas später drauf blickte, sah ich einen Anruf in Abwesenheit von einer mir unbekannten Nummer, weshalb ich umgehend zurückrief und dann nicht schlecht staunte…

Es war ein Mann, der die Bewerber für den IT-Führungsposten anrief und fragte mich ein paar Dinge und ob ich nächsten Dienstag Zeit hätte, mich mit ihm am Nachmittag auf ein Gespräch zu treffen, in dem er mir alle Details des Jobs erklärt und wir uns kennen lernen können! Ich dachte, mein Herz hüpft mir vor Freude gleich aus dem Brustkorb und legt ein flottes Tänzchen hin auf meinem Schreibtisch! Natürlich stimmte ich meinem Bauchgefühl entsprechend zu und legte grinsend, lächelnd und Freude strahlend wieder auf und genoss ganz den Moment.

Nicht nur, dass ich – Dank meines Mutes – nächsten Dienstag ein Date mit meinem Herzensmann habe, weil ich ihm vorgeschlagen habe, dass wir uns näher kennenlernen können, um herauszufinden, was das wirklich zwischen uns ist, nein, ich habe auch noch ein Vorstellungsgespräch!!! Ich danke dem lieben Herrgott, meinen Engeln und dem lieben Universum für diese wunderbare Chance!

Das Tolle ist, dass ich vor einiger Zeit auch träumte, dass ich erst meinen Traumjob und dann meinen Traummann bekam… Ich glaube und traue meiner Intuition und weiß, dass Gott möchte, dass ich Freude und Liebe gebe und empfange, ich vertraue der unendlichen Weisheit des großen Ganzen und freu mich von ganzem Herzen wie ein kleines Kind auf Weihnachten!

Die Energie ergriff mich schon in während meiner freien Tage, denn das Date kam so zu Stande, dass ich an der Donau in der Sonne lag und als ich mich zusammen packte fürs mit dem Rad nach Hause fahren, spürte ich einen Impuls, dass ich *Ihn* anrufen solle, was ich nach kurzem Zögern auch tatsächlich machte. *Er* hob zwar nicht ab, jedoch blieb ich trotzdem ruhig, weil ich vertraute, dass er sich meldet, wenn er Zeit hat, und so war es.

Sekunden nachdem ich spürte, dass er sich gleich meldet, klingelte auch schon mein Handy. Ich fragte ihn, wie es ihm gehe und ob ich ihn eh nicht mit meinen Nachrichten verschreckt hab, weshalb *er* erst mal lachte. Dann überraschte er mich und sagte mir, dass er zwar dienstlich und privat eingedeckt sei, jedoch mittags immer wieder Zeit hätte und so verabredeten wir uns eben für kommende Woche…

Jeder noch so kleine mutige Schritt wird belohnt, ich sag es euch! Wenn euch euer Herz etwas empfiehlt, ja euch geradezu aufdrängt, hört bitte darauf und erfreut euch an den Wundern, die auf euch gewartet haben!

Weiter ging es eben gestern, als ich erst nach der Arbeit von vier verschiedenen Männern angepfiffen, angehupt bzw. angesprochen wurde (auf der Straße, einfach so!), was mir klar machte, dass ich die „rundum-glücklich-vergeben-Ausstrahlung" derzeit draufhabe, die man normalerweise erst in einer Beziehung hat! Ihr kennt das sicher: Ist man Single und auf der Suche, bekommt man nur wenig Resonanz, doch kaum ist man glücklich vergeben, zieht man das Interesse scheinbar aller auf sich.

Tja, ich bin zwar *noch* Single, jedoch habe ich mich Kraft meines Herzens für *ihn* entschieden und das anscheinend so wirksam, dass ich es auch ausstrahle, wie glücklich und erfüllt ich von der Liebe zu *ihm* bin, was mich sehr, sehr zufrieden und dankbar sein lässt.

Als ich von der Arbeit heim ging, machte ich einen Zwischenstopp im nahegelegenen Park und blieb dort etwa eine Stunde auf einer Bank im Halbschatten sitzen, zog meine Schuhe aus und streckte meine nackigen Füße einfach so in die Wiese, was total angenehm und erdend war. Ich ließ meine Gedanken schweifen, bedankte mich beim Universum für die vielen tollen Dinge und Menschen in meinem Leben und erzählte meinen Engeln und den Naturgeistern von meinen Sorgen, Wünschen und Hoffnungen.

Ich bat um eine positive Sicht und um Unterstützung meine Träume realisieren zu können und das gab mir Kraft und half mir, meine Gedanken positiv zu halten und mich auf eine glückliche Schwingung einzustimmen. Ich entschied mich gestern im Park schon, die Kündigung für nächste Woche anzusetzen, was eine unglaubliche Energie in mir freisetzte!

Frei und unabhängig sowie von innerem Frieden erfüllt fühlte ich mich plötzlich und dieser Zustand war fast berauschend schön. Ich war in Liebe und Dankbarkeit sowie Mitgefühl und Offenheit. Ich war eins mit mir und dem Universum und surfte auf dieser wohligen liebevollen Energiewelle dahin.

Ja und heute dann kam das mir von der geistigen Welt angekündigte Jobangebot! Das Universum funktioniert eben gemäß dem Gesetz der Anziehung und werden unsere Gebete

IMMER erhört, sie werden nur nicht immer auf die Weise beantwortet, wie wir es vielleicht erwarten, sondern eigentlich
immer viel toller und wunderbarer, weil so kreativ, dass man
es immer wieder kaum in Worte fassen kann, was man in so
einem Moment im Herzen empfindet.

Ich liebe mein Leben und bin von Herzen froh, dass ich den
Glauben an mich und die Hoffnung sowie die Liebe nie verloren habe, sondern immer – egal wie schlimm es auch gerade war – ans Gute glaub(t)e. Ich gebe niemals auf, da ich
weiß, dass Gott selbst mich beschützt und für uns alle sorgt
und da ist, wir müssen nur daran glauben und ihm vertrauen, dann kann er auch für uns da sein, so wie wir es uns
wünschen.

16. *MEINEN Weg gehen!*

Dienstag verlief witzig: Erst war ich voller Vorfreude, dann wartete ich geduldig bis Mittag, ob *er* sich meldet, bis eine Freundin meinte, dass er vermutlich auf meinen Anruf warte, weshalb ich ihn klopfenden Herzens anrief. Wir verabredeten uns für die Polizeikantine und ich ging total nervös los und wartete. Und wartete. Und wartete. Bis mir auf einmal um 5 vor 12 (de facto, nicht nur rhetorisch) einfiel, dass wir eventuell aneinander vorbeigeredet haben, weil wir zwei Polizeikantinen haben und somit dämmerte es mir, dass ich in der „falschen" saß...

Tja, ich rief ihn an und entschuldigte mich für das Missverständnis, doch dieses hatte auch sein Gutes, denn *er* fragte mich, ob ich noch länger dort sei, weil er sonst einfach nachkommen würde, was er dann auch tat. So bekam ich statt einem Mittagessen zu viert ein „Mittagsdate" mit *ihm* allein und konnten wir uns 40 Minuten lang ungestört und völlig offen – von Herz zu Herz – unterhalten, was zum ersten Mal ohne Angst zwischen uns geschah, was total befreiend und schön war.

Während wir über Gott und die Welt sprachen, legte ich auch endlich alle Masken vor ihm ab und erzählte ihm von meinem Unfall, meiner Depression, meiner Drogensucht damals usw. und vor allem davon, wie ich das Leben sehe. Dass ich Job wechseln will, weil mein Herz mir bei der Arbeit fehlt und ich meiner Arbeit und meinem Leben einen Sinn verleihen möchte und konnte ihm dadurch glaub ich zeigen, wer und wie ich wirklich bin, was ihn (kam mir vor) ein bisschen beeindruckte, da er mich wohl etwas anders eingeschätzt hatte.

Ich danke Gott und dem Universum, dass ich die Chance bekam, ihm zu zeigen, wer ich bin und über meinen Schatten zu springen und mich ihm zu offenbaren. Wir wissen denke ich beide, dass wir weit mehr füreinander empfinden, als wir voreinander zugeben, jedoch war bisher die Angst zwischen uns immer eine Hürde und ein Hindernis, was sich nun gelegt hat.

Auch das Vorstellungsgespräch verlief sehr positiv, nur ging es bei dem Job nicht um einen Vollzeit IT-Posten, sondern um einen Nebenjob bei einem unabhängigen Finanzunternehmen, was sich zwar sehr interessant anhörte, jedoch wäre ich nicht versichert und auch nicht fix angestellt, weshalb ich am Freitag beim Anruf bekannt gab, dass ich etwas Fixes suche, da ich am Mittwoch gekündigt habe.

Ja, ich habe mir selbst (wieder mal) meinen Mut bewiesen und bin meinem Herzen nach sehr langem hin und her gefolgt und habe – nach Rücksprache mit der Personalvertretung (Danke an dieser Stelle an meine liebe Referentin für den wertvollen und hilfreichen Tipp) – meine ehestmögliche einvernehmliche Kündigung eingereicht und angeregt.

Das Gespräch mit dem Behördenleiter verlief wie erwartet nicht sehr positiv, was ich auch verstehe obgleich der derzeitigen Lage bzw. auch aus seiner Sicht gesehen, doch weiß ich, dass mein Entschluss richtig und für mich lebenswichtig war. Ich bin sehr stolz auf mich, dass ich diesen Schritt aus dem „sicheren Bundesdienst" gewagt habe, da mir alle Sicherheit der Welt nichts nutzt, wenn ich seelisch und in weiterer Folge gesundheitlich darunter leide.

Ich bin sehr dankbar für die vielen Erfahrungen in den 7,5 Jahren Bundesdienst, die ich sammeln durfte, danke allen Leuten, mit denen ich zusammenarbeiten durfte, die mich eingeschult und unterstützt/gefördert haben, die hinter mir gestanden sind, bin dankbar für die Freunde, die ich während dieser Zeit gewonnen habe und bin froh, über die Lektionen, die ich in dieser Zeit lernen durfte, doch nun ist es Zeit, für meine wahre Berufung.

17. *Mut zur Selbsterkenntnis*

Seit ich gekündigt habe, habe ich binnen zwei Tagen zwei von den drei Kilos, welche ich – nachdem ich sechs Kilos seit meinem Unfall abgenommen habe – wieder verloren! Es ist für mich total faszinierend, dass mein Körper sich die zusätzliche Energie über die Nahrung holt! Ich war nur drei Wochen nach meiner viermonatigen Pause wieder zurück im Dienst und schon begann mein Körper sich zu wehren mit Magenkrämpfen, Energieverlust, ständigem Heißhunger auf Süßes etc.

Da ich sehr auf meine Gesundheit und auch Figur achte, bin ich sehr froh, dass ich den Zusammenhang nun bewusst erkannt habe, was mich auch an meine zweite lange Beziehung erinnerte, in der ich anfangs 60 kg wog, was sich binnen drei Jahren auf 81,8 kg steigerte, ehe ich am Ende der Beziehung wieder auf 66 kg war und nachdem ich Schluss machte, innerhalb kürzester Zeit wieder mein Idealgewicht von 60 kg erreichte! Total spannend, wie der Körper agiert und reagiert, wenn wir unglücklich und unzufrieden sind!

Darum ist es unendlich wichtig, auf seine wahren Gefühle und Bedürfnisse nicht nur zu hören, sondern auch auf sie zu achten und entsprechend zu handeln. Habe Mut und steh zu dir so wie du bist! Meine Facebook-Site „Energetikerin Sabine Lehenbauer", habe ich schon vor einer Weile angelegt. Ich habe den Rat eines Freundes befolgt, und nur „seriöse" Infos gepostet bzw. von mir preisgegeben, weshalb die Seite nicht so recht in Schwung kam.

Mir wurde von meinen Engeln vorhergesagt, dass ich erst das Alte (Job) loslassen muss, um frei zu sein und Raum zu haben für das Neue, Bessere und Leichtere, das schon längst kommen möchte, weshalb ich – nach vielen einschlägigen Botschaften, dass ich während meines Jobwechsels (auch finanziell) versorgt sei – auch den großen Schritt aus dem Schattendasein wagte und dann geschah Folgendes:

Am Mittwoch habe ich die Kündigung eingereicht, am Donnerstag und Freitag kamen jeweils zwei liebe Kurskolleginnen/-freundinnen zu mir, um für unseren Energetik Kurs zu üben (Übung macht ja bekanntlich den Meister und da ich alleine lebe und niemanden zum Üben habe, war ich hoch erfreut über das Interesse und Angebot). Im Laufe beider Gespräche vorab, kam bei beiden (ganz unabhängig voneinander) raus, dass ihr zentrales Thema ihre Lebensaufgabe sei bzw. auch, dass sie beide mit Fremdenergien zu kämpfen haben!

Die eine (negative) am Donnerstag zeigte sich, als sie meine Lampe im Vorhaus über dem Massagetisch, auf dem meine Kurskollegin gerade Platz nahm, weil wir anfangen wollten, dass ich sie behandle, als es auf einmal einen lauten Knacks gab (nachdem sie sagte, dass ich nicht vorher putzen hätte brauchen, weil sie wieder neuen „Dreck" mitbrächte, was sich als Wahrheit herausstellen sollte…) und das Glas meiner Deckenlampe plötzlich schräg herunterhang, weil eine der drei Sicherungsspangen – wie von Geisterhand – brach.

Uns beiden lief momentan ein Schauer samt Gänsehaut über den Rücken und erschraken wir doch etwas, jedoch blieb ich relativ ruhig und öffnete sogleich alle Fenster und bat meine Engel um Hilfe, die Energie aus meiner Wohnung und von uns weg ins Licht in Heilung zu schicken und somit war dieses Problem erledigt.

Am Freitag kam dann meine andere Kursfreundin zu mir und redeten wir ebenfalls sehr lange und sehr viel und kamen „durch Zufall" auf sehr viele Lösungen, was mich sehr freute. Es ging bei ihr wie gesagt ebenfalls um ihre Fremdenergie in Form eines „Hausgeistes", der sie immer wieder heimsuchte und erschreckte, welcher jedoch gutgesinnt war, ihr jedoch trotzdem (verständlicher Weise) etwas Angst machte, da sie weder wisse wer, noch warum.

Ich folgte wie immer meiner Intuition und bot ihr an, ihr Orakelkarten zu legen, was wir dann auch taten. Wir bekamen interessante Infos und plötzlich kam mir der Gedanke, wer dieser „Geist" (ich nenne sie lieber Seele, das klingt passender und positiver finde ich) tatsächlich sei und außerdem fiel mir noch mein Pendel ein, welches ich von einer lieben befreundeten Arbeitskollegin einmal geschenkt bekommen habe, weshalb ich dann als Medium und Sprachrohr zwischen den beiden fungieren durfte, was mich sehr freute und total aufregend und neu für mich wahr.

Mir wurde ja schon als Kind gesagt, dass ich ein Medium sei und mit dem Jenseits Kontakt aufnehmen könne, was mir jahrelang ziemliche Angst machte, da ich einfach zu viele gruselige Horrorfilme mit Kindergeistern gesehen habe. Jedoch wurde mir während meiner Auszeit nach meinem Unfall durch ein Buch klar, dass auch die Engel im Jenseits „zu Hause" sind, weshalb ich nun keine Angst mehr davor habe, denn auch Geister wollen uns nicht unbedingt böses, doch gibt es immer einen Grund, warum sie uns heimsuchen!

Manche Seelen wollen Aufmerksamkeit, andere wollen uns auf etwas hinweisen und uns helfen, wieder andere brauchen selbst Hilfe um ins Licht in Heilung gehen zu können und andere möchten nur Schabernack und ihr Unwesen treiben. So oder so sollten wir versuchen uns soweit möglich nicht zu sehr zu fürchten und versuchen, Kontakt aufzunehmen (alleine oder mit einem Medium deines Vertrauens), da sie ja nicht ohne Grund da seien.

Meistens sind es nur so laute „Zeichen", weil wir sie vorher nicht bemerken oder wahrnehmen und sie aber ebenfalls eine Aufgabe haben, nämlich, uns etwas mitzuteilen. Vielleicht bedeutet diese Tat für sie Erlösung und Heilung, weshalb sie natürlich auch alles drauf und dran setzen, um ihre Aufgabe zu erfüllen um endlich gehen zu können.

Wie auch immer sollten wir ihnen mit Respekt begegnen. Den Dunklen können wir Licht ins Herz schicken, um sie zu enttarnen, denn (das geht übrigens auch in Gedanken oder in unseren Träumen – ich schlafe als Schutz gerne mit einer Türkis- oder Amethyst Kette, du kannst dir aber auch einen Trommelstein, eine Druse oder deinen Lieblingsstein unters Kissen, auf dein Nachtkästchen, unters Bett etc. legen/stellen, tu das, was du glaubst, dass für dich richtig ist) diese mögen kein Licht und keine Liebe.

Solltest du so eine Energie erkennen, kannst du sie ins Licht schicken und dabei ein Gebet sprechen, dass die Seele dorthin gehen möge, wo ihr richtiger Platz ist und lass dich nicht abhalten, wenn dies nicht gleich funktioniert, manche sind echt hartnäckig! Doch vertrau dir, stell dir ruhig deinen Schutzengel/dein Krafttier/einen Erzengel zur Seite und bitte dabei um göttliche Führung und Unterstützung. Vertraue!

Selbst ich war erstaunt, dass ich trotz meiner anfänglichen Angst relativ schnell ruhig wurde bzw. intuitiv nach einer Lösung weitersuchte und nicht einfach abbrach, so wie früher! Ich bin stolz auf mich und meinen Werdegang und sehr glücklich und dankbar, für all die Schicksalsschläge und Erfahren, die ich auf meinem bisherigen Weg machen durfte, weil diese mich zu der starken und selbstbewussten Frau werden ließen, die ich heute bin.

Entgegen dem Rat meines Freundes, fasste ich mir ein Herz und legte noch eine Maske ab und postete meine wahre Bestimmung auf meine Facebook-Seite. Dass ich ein hellsichtiges Medium bin, (Erz-)Engel channeln kann, und dass ich spirituelle Beraterin bin, das ist meine Berufung. Ich liebe, wer und auch was ich bin und liebe, was ich tue. Es bringt mein Herz zum Singen, wenn ich anderen helfen und diese ein Stück weit begleiten und stärken darf, damit sie ihren eigenen Herzensweg und ihre Lebensaufgabe wiederfinden.

Es ist auch meine Aufgabe, durch mein Leben und wie ich es führe, anderen Mut zu machen, denn glaubt mir: Alles, was ich schaffe, könnt auch ihr! Ihr müsst euch nur trauen auf euer Herz zu hören und danach zu handeln! Auch wenn ihr Angst vor Veränderungen und dem Unbekannten habt – wenn ihr euch von Herzen sicher seid, dass es das Richtige ist, zögert nicht länger und handelt und lasst eure Träume Realität werden – ihr seid es wert, ihr seid geliebte Kinder Gottes!

Mein ganzes Leben lang schon bin ich auf der Suche nach meiner wahren Berufung bzw. nach meinem Traumberuf und nun weiß ich, dass ich nur glücklich sein kann, wenn ich das tue, was mir wirklich am Herzen liegt und in die Wiege gelegt wurde. Meine mediale Begabung habe ich nicht ohne Grund vom lieben Gott bekommen! Ich habe diese Gaben, um anderen helfen zu können. Ich darf als Lichtarbeiterin Menschen dabei helfen, ihr eigenes Licht wieder zu entdecken und wieder die Stimme ihres Herzens zu erhören.

Ich bin eine Botschafterin der Liebe, ich folge der Liebe und ist sie meine höchste Priorität. Egal, ob es um meine Familie und Freunde oder meine Katzen geht, meinen Job, mein Bankkonto, die Natur, die Engel, Bücher, Musik, Filme, Essen, Sport, Blumen, etc. geht – ohne die Liebe, ist alles sinnlos. Erst durch die Liebe bekommt unser Leben einen wirklichen Sinn. Das Leben muss nicht trostlos sein und müssen wir nicht länger funktionieren! Wir dürfen, ja sollen uns, entfalten und frei sein. Wir sind alle Kinder der Liebe und sollten uns dessen auch wieder bewusstwerden. Wir dürfen uns wieder erlauben glücklich zu sein, Spaß zu haben, ohne Angst zu lieben, wir dürfen unseren Arschengeln danken, damit sie uns stärker machen, unsere Freunde umarmen, unsere Familie küssen, unsere/m Partner/in aus vollstem Herzen sagen, dass wir ihn/sie lieben, singen aus vollster Kehle, lachen aus dem Bauch heraus bis uns die Tränen in die Augen schießen. Wir dürfen leben und lieben, es ist unser Geburtsrecht.

Das Negative endet, sobald du es beschließt!

Du hast wie immer die Wahl, was möchtest du wirklich? Was hast du dir schon immer gewünscht? Bist du bereit, dich zu offenbaren, um deine Träume zu leben? Wagst du dein wahres Ich ans Tageslicht zu bringen, um das zu ernten, was du säest? Die Wahl liegt in deiner Hand! Wir sollten unserer selbst willen aufhören immer alles auf die anderen zu schieben, das entfernt und trennt uns nur von uns selbst und schadet letztendlich uns selbst. Werde dir deiner Worte und Taten bewusst, denke bewusst! Kontrolliere dein Leben, indem du dich auf deine Wünsche fokussierst und aufs Gute vertraust.

Fang an, dich nicht mehr um das „wie" zu kümmern, sondern visualisiere deine wahrgewordenen Wünsche und sei von Herzen dankbar dafür. Sei täglich immer wieder, egal wann und wo du gerade bist, Gewahrsam im Moment und bedanke dich voll Freude für deine wahrgewordenen Wünsche, lebe dich hinein und fühle mit jeder Faser die Dankbarkeit. Zeichne, male, singe oder schreibe dir auf, was du wirklich willst und schau dir diesen Zettel so oft geht an, sing es dir vor oder wie auch immer. Nutze deine Zeit sinnvoll und befasse dich mit den Dingen, die du wirklich willst.

Sieh dein Leben mit Humor, nimm es leicht, versuche es vielleicht wieder als Spiel zu betrachten, dass nimmt dir die Erdenschwere und ermöglicht dir, in höhere Sphären zu kommen, die dich deinen Träumen und Zielen näherbringen. Bete zu Gott, bitte die Engel um Hilfe, wenn du Angst oder Sorgen hast, vergiss nicht, um Hilfe zu bitten und schäme dich auch nicht, diese anzunehmen! Deine wahren Gefühle sind die Antworten auf deine Gebete! Gedanken, Impulse, Träume – all dies sind Zeichen vom Universum, übersieh sie nicht,

137

sondern beachte und betrachte sie so lang, bis du bereit bist zu handeln.

Auch wenn du dir noch nicht sicher bist, wie du das alles schaffen kannst, du jedoch weißt, dass der Schritt der richtige ist für dich, dann bitte gehe ihn. Würde ich immer auf alle anderen und auf die Stimme der Angst hören (auch dies sind Prüfungen, denen wir uns unterziehen dürfen, um aus uns zu lernen und über uns hinauszuwachsen), würde ich mein Leben wohl eher rückwärts denn vorwärts leben, weil ich dann immer vor allem zurückscheuen und davonlaufen würde! NEIN, danke für euren Rat und eure Sorge um mich meine Lieben, ich weiß, was das Beste für mich ist, ich danke euch, dass ihr meinen Weg ein Stück weit mit mir geht, doch an dem Scheideweg, an dem ich nun angelangt bin, ist es an der Zeit für mich, meine ganz eigenen neuen Wege zu gehen, was ich nun tue.

Ich stehe zu mir als Medium, Energetikerin und Autorin.

Wenn andere es mir auch vielleicht nicht zutrauen, mir meine neue Freiheit neiden oder sie einfach nicht an „so etwas wie Energetik" glauben, dann ist das ihre Einstellung, ihre Ansicht und auch ihr gutes Recht. Ich jedoch glaube ans Unglaubliche! Ich bin Liebe! Ich glaube an Wunder! Ich weiß, was ich kann und was in mir steckt und kann mich niemand mehr aufhalten, weil meinem entschiedenen Herzen nun nichts mehr im Wege steht, denn ich selbst habe mich dazu entschieden meinen Weg zu gehen. Und falls ich auf die Nase damit falle, weiß ich, dass meine Engel mich auffangen und tragen werden, bis ich wieder festen Boden unter den Füßen verspüre. Ich bin – wie wir alle – beschützt und werde liebevoll geführt von Gott/den Engeln/dem Universum und vor allem von meinem eigenen inneren Lehrer (meiner Intuition).

Die Weisheit, die mich (laut Freunden) umgibt, kommt direkt aus meinem Herzen. Ich weiß sehr viele Dinge und handle intuitiv richtig und das kann ich nur, weil ich meinem Herzen traue und danach handle, ohne zu hinterfragen. Dinge, die mit meinen Leidenschaften zu tun haben und mein Herz zum Singen bringen – wie das Schreiben, Energetik, Hellsichtigkeit/Medialität – gehen mir eben leicht von der Hand. Alles, was man von Herzen und gern macht, gelingt einem. Es erfüllt uns, es trägt uns und es versorgt uns.

Solltest du etwas machen, dass dir nicht gefällt, überdenke, was du daran ändern könntest und finde das, was dir wirklich am Herzen liegt und dir Freude bereitet. Finde zu dir und deiner Essenz! Lebe dein wahres Selbst, habe Mut und trau dich über deinen Schatten zu springen und dich zu erheben. Denk an die Raupe, die glaubt, dass ihr Leben vorbei sei, obwohl das nur die „Vorarbeitsphase" durchlebt hat. Denn wie wir alle wissen, kommt nach der Verpuppung die Phase des schönen leichten Schmetterlings, der sich vom Wind tragen lässt und das Leben genießt. Du hast wieder die Wahl dein Leben zu betrachten: Bist du die ängstliche Raupe oder der zufriedene Schmetterling? Was bringt dich deinem Herzensweg näher?

18. *Tempo rausnehmen*

Ich weiß nicht, wie es euch geht, ich jedoch bin ein Mensch, der zu oft zu kopflastig durchs Leben geht und immer alles zu 100% und perfekt machen möchte und das am besten gestern. Geduld ist wohl eines der schwierigsten Themen für mich und „verfolg" (eher begleitet mich) seit ich denken kann.

In manchen Dingen habe ich eine Engelsgeduld, wenn ich zB. jemandem etwas erkläre oder jemanden in etwas einschule. Geht es jedoch um Dinge, die ich mir sehnlichst wünsche, wie den Traumpartner meines Lebens, meinen Traumjob, mehr Wissen, etc. muss ich mich immer wieder bremsen bzw. werde ich immer wieder „von oben" gebremst, um mich nicht zu übernehmen oder zu verbissen zu werden.

Wer wünscht sich nicht jemanden, der einen im Arm hält und liebt oder einen Job, der einen erfüllt? Jedoch bewies Gott/das Universum mir immer wieder, dass wirklich ausnahmslos alles, was gut für uns ist, von selbst zum richtigen Zeitpunkt in unserem Leben auftaucht. Oftmals zwar in anderer Form, als wir dachten, jedoch auch immer viel genialer und wunderbarer, als wir es uns in unseren schönsten Träumen ausgemalt haben. Das Zauberwort heißt hier *Vertrauen*.

Vertrauen, dass alles einer höheren Ordnung unterliegt, die uns liebt und uns versorgt sowie uns auch beschützt vor Unheil. Das Schicksal ist nicht böse oder gegen uns, es ist einfach und legen wir die Grundsteine dafür mit unseren Gefühlen, Gedanken und unserem Handeln selbst.

Egal wie schlimm etwas auch im ersten Blick erscheinen mag, wie immer dürfen wir nicht vergessen, dass wir die Wahl haben, damit umzugehen! Vertrauen wir Gott, übergeben wir ihm die Kontrolle unseres Lebens und fokussieren uns auf die Liebe, das Mitgefühl und sind dankbar für all das Wunderbare in unserem Leben, lebt es sich angenehmer und leichter, als wenn man sich ständig über alles und jeden den Kopf zerbricht!

Leichtigkeit des Seins erlangen wir nur durch tägliche Übung, indem wir uns immer wieder ins Jetzt rufen und dafür danken, was wir alles in unserem Leben haben/was uns reich macht (wie Freunde, Familie, Haustiere, Musik, Natur, etc.). Welche Schätze umgeben dich in deinem Leben? Dankst du ihnen auch immer wieder von Herzen? Bist du dir deines Reichtums bewusst? Oder läufst du eher materiellen Dingen und Standards hinter her, die dich vermeintlich erfüllen?

Ich arbeite ja viel mit meinen Orakelkartensets und da gibt es eine schöne Affirmation, die da lautet: *„Alles ist jetzt in göttlicher Ordnung."* Ich finde diesen Satz sehr schön, da er einem die Angst nimmt und das Vertrauen wachsen lässt. Dieser kurze Satz erfüllt mein Herz geradezu mit Liebe und Freude. Unsere Sorgen dürfen wir immer wieder unseren Engeln und Gott anvertrauen und um Hilfe bitten. Die himmlischen Helfer können nur mit unserer Aufforderung uns ihre Unterstützung darbieten, vergiss das bitte nicht!

Und glaub mir: Ich weiß, wie schwierig es ist nicht zu zweifeln! Ich kämpfe wie jeder andere täglich mit den gleichen Sorgen (Schaff ich das alles? Kann ich mir das leisten? Darf ich so viel Glück haben?), doch besinne ich mich möglichst schnell wieder auf meine innere Stärke und affirmiere eben, dass ich mein Leben voll Vertrauen in Gottes Hand gelegt habe und er mich liebevoll führt. Gott liebt uns und will uns strahlen sehen, da er weiß, dass Liebe die stärkste Macht überhaupt ist und wie wichtig es für uns Menschen ist, dass wir im Einklang mit der Natur und mit allen Lebewesen leben. Wie gut es uns tut zu lieben und geliebt zu werden.

Wie wertvoll eine herzliche Umarmung oder ein Lächeln sind, weiß jeder, der einmal traurig war und einfach so von jemandem, der uns wohlgesinnt ist, geknuddelt wurde. Wie gut und geborgen man sich fühlt, wenn man in jemandes Armen liegt und mit geschlossenen Augen dessen Herzschlag lauscht. Auch du selbst kannst dir diese Liebe geben und dir Geborgenheit vermitteln! Wenn ich mich sehr einsam oder traurig fühle, nehme ich mich selbst in den Arm und lasse die Liebe fließen.

Meistens ist es unser inneres Kind, das nach Aufmerksamkeit hungert, weil wir es leider viel zu oft außer Acht lassen oder gar vergessen. Um mein inneres Kind lebendig zu halten, versuche ich mir immer öfters Dinge zu erlauben, die ich vielleicht als *peinlich* empfinde, doch wenn mein Herz mir dazu rät, dann tu ich es. Zum Beispiel habe ich meiner Katze, nachdem ich letzte Woche meinen Kater (Sohn meiner Katze) wegen Diabetes und Folgeerscheinungen einschläfern musste, ein Brustgeschirr samt Leine gekauft, habe meine Engel gebeten ihr zu erklären, was ich damit vorhabe, und habe auch ihr selbst gesagt, dass ich – wenn sie sich anleinen lässt – mit ihr hinaus vors Haus in die Wiese oder eventuell sogar in den Park gehe und siehe da – sie ließ sich ohne Probleme anschirren und ging mit mir neugierig und happy eine halbe Stunde vors Haus die Gegend erkunden.

Ich freute mich von ganzem Herzen und musste ständig lächeln, weil ich spürte, wie sehr sich meine Katze freute, dass auch sie wieder mal raus in die Natur konnte, da sie nach beiden Trennungen von einer Freigänger- zu einer Wohnungskatze werden *musste*. Mit zwei Katzen war es einfach zu aufwendig für mich hinaus zu gehen und mein Kater war sehr ängstlich und schnell überfordert, doch wollte ich nicht eine Katze der anderen vorziehen und so kommt alles so, wie es kommen soll und fügt sich von selbst.

Ich liebte meinen Kater über alles und war von seinem ersten bis zum letzten Atemzug an seiner Seite, bin mit ihm durch dick und dünn gegangen, habe ihn energetisch behandelt, bin mit ihm zum Tierarzt gefahren, hab für ihn getan, was ich konnte und da ich schon in letzter Zeit spürte, dass sein Lebenswille langsam erlosch, hörte ich nach einigem Zögern (man will es ja nicht gleich wahrhaben, dass jemand gehen möchte) auf mein Herz, rief meine Tierärztin und wir befanden beide, dass er gehen wollte, weshalb wir ihn bei mir zu Hause in der Wohnung erlösten.

Meine Katze, seine Mutter, war auch anwesend, doch hatte ich das Gefühl, dass die beiden sich schon ein paar Tage zuvor ausgesprochen hatten, denn während meine Katze immer mehr aufblühte, wurde mein Kater immer schwächer und stiller. Ich kann mit Tieren kommunizieren, nur mit den eigenen ist es immer etwas anders, da man irgendwie befangen ist. Spannend ist für mich nur, dass ich mit meiner Katze hellsichtig verbunden bin, meinen Kater jedoch als Lebenden nur ganz schwer verstanden habe. Seit seinem Tod jedoch, verstehe ich seine Stimme klar und deutlich, was mich sehr freut.

Da sieht man einfach, dass der Tod nur ein Übergang in eine Phase ist und nichts ist, wovor man sich fürchten müsste! Während meine Tierärztin kurz zwischen Diagnose und Einschläfern in ihre Praxis fuhr, um die Narkosemittel zu holen, konnte ich mich in Ruhe von meinem geliebten Schatz verabschieden, ihm Energie geben und dabei spürte ich seine Ruhe, hörte sein Schnurren, fühlte seine Dankbarkeit, dass ich ihn gehen lasse und als ich ihn umarmte, um mich zu verabschieden während mir die Tränen über die Wangen liefen, sah ich vor meinem geistigen Auge schon meine Engel, die ihn abholten und er war wieder ganz gesund und munter und vor allem glücklich. Das erleichterte mir den Abschied sehr.

Da ich Tiere schon immer über alles geliebt und respektiert habe, erfreut sich auch mein inneres Kind total am Umgang und Arbeiten mit Tieren, weshalb ich – um mein inneres Kind zu ehren – jetzt nachts zu meinem Rosenquarzkreuzanhänger meine alte Goldkette mit einem Pferdekopfanhänger wieder trage, den ich als Kind von meiner Mutter nach meinem ersten Ausritt geschenkt bekommen habe, weil ich Pferde (bis heute) über alles liebe, weil sie so schön, mysteriös und stark sowie sanft sind.

Auch Kinderfilme schaue ich mir immer wieder von Herzen gern an, auch wenn ich schon 27 und „eigentlich" zu alt dafür bin, mir doch pieps egal, was andere dazu sagen, Hauptsache mir geht's gut und ich fühle mich wohl dabei! Natürlich stehe ich auch auf Action und SciFi Filme, doch für mein inneres Gemüt gucke ich gerne Zeichentrickfilme und Animationsfilme, die mich zum Lachen bringen, wunderschöne Botschaften übermitteln und mein Herz berühren.

Oder was ich – vor allem im Sommer – extrem gerne mache ist, mich abends oder nachts in die Wiese zu legen und den Sternenhimmel zu betrachten. Oder auch tagsüber, wenn ich unterwegs bin, schaue ich in die Wolken und stelle mir vor, was für Botschaften darin für mich versteckt seien könnten…
In letzter Zeit sehe ich überall nur noch glücklich Verliebte und Herzen, egal ob in Steinen, Mustern oder Wolken – Resonanzgesetz: Meine Aufmerksamkeit folgt meinen Gefühlen! Das heißt, Mr. Right ist nun nicht mehr weit *ommm* *gg*. Ich gebe die Hoffnung auf mein Happy End niemals auf!

Auch danke ich diesbezüglich meinen geistigen wie irdischen Helfern, die mir immer mit Rat und Tat zur Seite stehen sowie auch mir selbst, dass ich so stark uns so mutig bin und die Hoffnung niemals verliere, egal wie schwer das Leben auch momentan sein mag. Ich glaube immer an ein Licht am Ende des Tunnels und fühle gerade zu, dass mein Licht ganz nah ist und ich schon sehr bald sehr viel glücklicher als ich ohnehin schon bin sein darf.

19. *Der höheren Ordnung vertrauen*

Hingabe ohne Erwartung, Liebe ohne Beschränkung. Ich denke, dass dies nicht gerade einfach ist, jedoch der beste Weg, um zu uns und unserem inneren Frieden zu finden. So wie Gott uns annimmt, wie wir sind, sollten auch wir uns annehmen, wie wir sind. Mit all unseren Schatten und unserem Licht. Wir sollten lernen, uns und anderen zu vergeben. Nicht gut zu heißen, was sie oder wir uns selbst angetan haben, sondern uns durch die Annahme in Liebe von der Vergangenheit und den Verletzungen daraus zu lösen.

Wie lange wollen wir denn noch die Vergangenheit über unser Jetzt bestimmen lassen? Mein Herz sagt mir, dass es wichtig ist im Moment zu leben. Bewusst zu sein, glücklich und positiv gestimmt zu sein. Es hilft wirklich niemandem, wenn wir immer nur nach außen hin in Frieden mit uns und allem sind, innerlich jedoch weinen, kreischen, um uns schlagen oder andere verfluchen!

Ehre dich selbst und deine wahren Gefühle, denn sie sind die Antwort auf unsere Gebete! Fühlst du dich unrund, frag dich wieder wieso, nicht wer oder was daran schuld sei! DU trägst die Verantwortung für DEIN Wohlbefinden! Du hast die Macht darüber, wie du dich fühlst. Wenn du traurig bist, nimm wieder dein Glücklichsein Bild/deinen Glücklichsein Gedanken/deinen Glücklichsein Song aus deiner inneren geistigen Schatztruhe und bringe dich von einem Moment auf den anderen in freudige Stimmung.

Lass deine Trauer und Wut ruhig zu, wenn sie von Herzen kommen, doch versuche zu unterscheiden, ob diese Emotionen nicht von deinem Ego kommen, das sich gekränkt fühlt, weil seine Erwartungen mal wieder nicht so erfüllt wurden, wie es sich das vorgestellt hat. Verletzt dich jemand, so fühle den Schmerz. Sage diesem jemand ruhig, dass er dich verletzt hat, außer du möchtest oder kannst das im Moment nicht. Schreibe ruhig deine Gefühle und Gedanken dazu in einen Brief und verbrenne diesen! Lasse sie raus und sei frei, komme in deinen inneren Frieden.

Nichts geschieht meiner Meinung nach ohne Grund, rein gar nichts!

Jeder soll glauben, was er möchte und mein Herz sagt mir, dass es im Universum keine Zufälle gibt, nicht einmal, wenn man manchen Menschen zweimal im Leben begegnet. Ein Sprichwort heißt ja „Man begegnet sich immer zweimal." Ich weiß zwar nicht, ob es immer so ist, doch kommt mir vor, dass es dann so ist, wenn wir mit diesem Menschen noch eine offene „Rechnung" haben, die zu unserem Seelenheil beträgt, im „Guten wie im Schlechten", denn gut oder schlecht existiert ja nur in unseren Köpfen, wie wir inzwischen wissen.

Lassen wir uns lieber von unserem Herzen führen und leiten und geben uns dem Leben hin, lassen uns tragen vom Fluss des Lebens und erfüllen unser ganzes Sein mit der Liebe. Lasst uns die Welt aus den Augen der Liebe sehen und die Wahrheit hinter allem erkennen. Das wir uns viel zu oft mit Nichtigkeiten aufhalten und uns das Leben schwer machen, anstatt zu erkennen, dass nur die Liebe wahrhaftig ist.

Lasst uns Streitereien beenden, Blockaden lösen, Menschen gehen, die gehen wollen, denn die „richtigen" bleiben freiwillig an unserer Seite oder kommen zu uns, wenn die Zeit reif ist. Wir müssen nicht mehr erdulden und ertragen als wir wollen! Wir haben wieder die Macht!

Ich selbst dachte oft, wie viel Leid ich wohl noch ertragen müsse, bis ich endlich glücklich sein darf, bis mir mal wieder klar wurde, dass dies Gedanken der Opferhaltung sind und mit unserem Naturell nichts zu tun haben. Dies sind Gedanken der Angst, nicht der Liebe! Die Liebe lehrt mich, dass ich mich jederzeit in jeder Sekunde für mein Glück entscheiden darf! Ich darf mir Freude erlauben, ich darf mir Wohlstand erlauben, ich darf mir Glückseligkeit erlauben. Ich muss nicht darum fragen oder auf irgendjemandes Erlaubnis warten, nur ICH bestimme über MICH!

Diesbezüglich danke ich vor allem Erzengel Michael, der mich immer wieder auf diese rettenden Gedanken bringt und mir hilft, mich wieder auf die Wahrheit, die Liebe, zu fokussieren. Du kannst dich, wenn du magst in seinen blauen Lichtmantel hüllen und ihn darum bitten, dich auf allen Ebenen zu reinigen und zu schützen. Spüre in dich hinein, nehme ihn mit deinem Herzen wahr und spüre deine göttliche Kraft in dir. Vergiss niemals, wer du bist! Du bist ein Kind Gottes!

Du bist mächtig, wenn du in Liebe tust. Bringe dein Licht zum Leuchten und erkenne Schritt für Schritt deinen Herzensweg, egal ob du dein Ziel kennst oder nicht – einen Fuß vor den anderen gehe deinen Träumen entgegen und vergiss nie zu hoffen und zu beten, und dir wird geholfen werden.

20. *Sich selbst trauen*

Wer wie ich ein extrem analytischer Mensch ist, wird immer wieder mit sich selbst in Konflikt geraten, wenn er in Situationen gerät, die reine Intuition erfordern.

Mir ging es erst kürzlich wieder so bei der Modulprüfung für meine Ausbildung zur Dipl. Energetikerin nach TCM. Ich bin mir meines Könnens durchaus bewusst und weiß, dass ich meiner Intuition trauen kann, wenn ich Menschen oder Tiere behandle.

Jedoch in der Prüfungssituation verunsicherte ich mich wieder selbst durch meine eigenen Gedanken. Den Theorietest absolvierte ich wie erwartet ganz ok, dann kam ich zum Praxisteil an, und da geschah es (mal wieder): totaler Blackout!!!

Meine Kollegin trat als erste an und legte die Prüfung souverän ab. Dann ging ich zum Tisch, fuhr mit der linken Hand (wie ich es beim Auswählen der Bachblütenfläschchen mache) über die Kärtchen und zog nach Gefühl und erwischte genau einen schwierigen langen Meridian…

Den kurzen wusste ich gerade noch, doch den langen wusste ich nur mehr am Kopf und danach war Sense. Ich setzte mich hin, atmete tief durch, sagte meinem Lehrer / Prüfer, dass ich ein Blackout habe und dieser riet mir, eine Standmeditation aus dem Qi Gong zu machen, um mich wieder zu zentrieren.

Das half etwas zumindest und konnte ich den Meridian – Dank geistiger Unterstützung – fast richtig zeigen, weshalb ich dann doch immerhin bestand. Um die Höchstpunktezahl machte ich mir noch nie Gedanken, Hauptsache durch lautet meine Devise!

Mein Lehrer riet mir im Anschluss, dass ich weniger Denken solle. Er weiß, was ich draufhabe, und dass ich mich selbst mit meinem Kopf blockiere… Sind wir schon zwei *gg*. Das Ganze umzulernen ist jedoch nicht einfach, doch gebe ich die Hoffnung nicht auf.

Als äußerst sensitiver Mensch weiß ich ja um meine Gabe der Wahrnehmung. Gerade in einem Heilberuf ist es unumstößlich auf seine Intuition zu vertrauen! Das Wissen ist zwar im Kopf, doch der Behandlungsansatz läuft über die Wahrnehmung ab. Wenn der Kopf das und der Bauch das Gegenteil sagt, höre ich auf meinen Bauch, denn dieser nimmt richtig wahr, was meinem Kopf eventuell verborgen bleibt.

Übung und Erfahrung lässt uns reifen, uns sicherer werden, doch das erfordert Geduld! Wieder mal mein Lieblingsthema… Doch das wird schon noch. Immer, wenn ich denke, dass ich noch „nicht weit genug bin", versuche ich mich an meinen Erfahrungen und Erlebnissen zu orientieren und schwinge mich geistig empor, um aus der Adlerperspektive auf mein irdisches Leben herabzublicken.

So kann ich tatsächlich sehen, wo ich bereits gegangen bin und was ich schon alles geschafft und dazugelernt habe. Alles hat einen Sinn, auch wenn wir ihn nicht immer gleich oder auch nie erkennen. Das Leben findet einen Weg und wir finden unseren Weg, wenn wir unserem Herzen unentwegt trauen und folgen.

21. *Änderungen inbegriffen*

Nach längerer Zeit des Alleinseins – mit kurzer Unterbrechung Anfang des Jahres – überkam mich plötzlich der Impuls, mich auf einigen Singleportalen anzumelden, was ich auch umgehend machte. Ich hatte keine Erwartungen und folgte einfach meinem Gefühl.

Bei einem Portal fiel mir wieder das Foto eines Mannes auf, den ich von Früher her kannte. Erst überlegte ich, ob ich ihn anschreiben solle, doch dann dachte ich mir, dass dieser mich nach 14 Jahren sicher nicht mehr kannte.

Am nächsten Tag, schrieb er mich auf einmal aus heiterem Himmel an, was mich sehr freute. Er erkannte mich zwar nicht mehr, aber nach so langer Zeit ja auch kein Wunder. Da ich schon damals in ihn verknallt war, jedoch der Altersunterschied von 13 auf 18 Jahren doch zu krass war, ergriff ich diese Chance und schrieb ihm, dass ich ihn zwar nicht schockieren wolle, doch wir uns bereits viele Jahre „kennen".

Als ich dann mit meinem alten Spitznamen unterschrieb, erkannte er mich ebenfalls wieder und so tauschten wir erst die Nummern aus (er gab mir seine zuerst), telefonierten dann gleich mal 50 Minuten miteinander, ehe wir uns 2 Tage später zum ersten Mal wiedertrafen nach so langer Zeit.

Tja, gut Ding will Weile haben sag ich dazu nur *gg*. Das Spannende an der ganzen Geschichte ist für mich, dass ich seit letztem November diverse Vorhersagen meiner Engel bekam, die ziemlich gut auf ihn passen.

Unter anderem zum Beispiel, dass sein Name 5 Buchstaben habe, wovon der zweite ein „A" ist, wir uns von früher kennen, uns schon einmal geküsst haben, ich sein Potenzial als Partner nicht bewusst erkannt habe und er zur rechten Zeit den Kontakt zu mir aufnimmt.

So trafen wir uns in kurzer Zeit einige Male hintereinander und bemerkten, dass wir echt gut zusammenpassen und total auf einer Wellenlänge miteinander liegen, weshalb wir uns nach 1,5 Wochen Dating Time dazu entschlossen, es miteinander zu versuchen.

Seither wurde ich viele Male positiv überrascht, denn nicht nur, dass er weit einfühlender ist, als ich es von meinen Ex-Partner gewohnt war, er ist der Erste, der mir gleichzeitig bester Freund und Partner in einer Person ist, was völlig neu und total erfüllend für mich ist.

Wir können offen über alles reden, lachen sehr viel, unternehmen immer wieder etwas miteinander und verbringen einfach eine tolle Zeit zusammen. Er hat mein Herz geöffnet wie sehr lange keiner mehr bzw. bin ich so glücklich verliebt wie noch nie zuvor in meinem Leben, wofür ich von ganzem Herzen dankbar bin.

Natürlich gibt es wieder – einige wenige – Zweifler/Nörgler, die mir mein Glück schlecht zu reden versuchen, doch ich folge meinem Herzen, lausche der Stimme der Liebe und genieße die tolle Zeit zusammen, die uns geschenkt wird.

Manchmal treffen wir uns eben doch zweimal im Leben! Sei es um eine alte Rechnung zu begleichen, oder aber, um das Liebesglück miteinander zu finden und zu leben. Wie auch immer – das Leben bedeutet im Fluss zu bleiben und versuchen, nichts festzuhalten. Egal wie schwer uns das Loslassen teilweise fällt, es ist nötig, denn nur wenn wir das Alte gehen lassen, haben wir Platz für das Neue und Bessere! Wie schade wäre es, wenn wir die Chance unseres Lebens aus Angst vor dem Neuen verpassen? Wenn wir unser Dasein vielleicht alleine oder in einer unglücklichen Partnerschaft fristen würden anstatt zu uns zu stehen, unsere Sachen zu packen, um zu neuen Ufern aufzubrechen?

Beziehungen sind immer ein wichtiger Lernprozess für uns. Egal wie unfair oder schicksalshaft diese auch sein mögen, sie lehren uns am allermeisten über uns selbst. Meine bisherigen Beziehungen gestalteten sich alle ähnlich: Ich musste mich unterordnen/anpassen, gab alles, bekam wenig zurück, litt sehr viel darunter und war mir selbst nichts bis nur wenig wert.

Ich erkannte mich oft selbst nicht mehr vor lauter Masken, was dazu führte, dass ich mich Anfang dieses Jahres – ausgelöst durch den Autounfall – erst mal selbstfinden musste/durfte. Immer noch sehe ich meinen Unfall als Segen und Geschenk „von oben", welches mir ermöglichte, mich zu entdecken und zu befreien von den Fesseln der Vergangenheit.

Als ich mit meinem Lehrer über meine neue Beziehung sprach und ihm erzählte, dass ich so froh bin, weil mein neuer Partner so ganz anders als meine Exen sei, sagte dieser mir, dass ich mich nun selbst sehr verändert habe und darum aus den alten Verhaltensmustern ausgestiegen bin.

„Was du säest, das erntest du." – Seit ich mich Schritt für Schritt durch Depression, Panikattacken, kurz vor Burnout zurückgekämpft habe, wurde mir bewusst, wie wenig ich mir

153

selbst die ganzen letzten Jahre wert war. Mein Konto spiegelte mir das die ganze Zeit über wider.

Doch jetzt weiß ich, dass ich mir selbst wichtig sein darf, ja sogar sein muss, denn die wichtigste Person in unserem Leben sind nun mal wir selbst! Mit uns selbst müssen wir die längste Beziehung führen und das sollten wir uns immer wieder ins Gedächtnis rufen.

Ich kann nicht mit anderen und meinem Umfeld in Frieden sein, wenn ich nicht mit mir selbst im Reinen bin. Es ist nicht immer leicht sich seinen Schatten und Ängsten zu stellen, sich einzugestehen, dass man unsicher, eifersüchtig, neidisch, etc. ist, doch gehören auch diese „unangenehmen" Seiten zu unserem Selbst dazu!

Wichtig ist wie immer die goldene Mitte. Lebe deine Schattenanteile aus, doch mit Maß und Ziel und nicht im Übermaß, denn ein Zuviel an etwas ist selten bis nie gut. Essentiell für uns ist, dass wir lernen uns so anzunehmen, wie wir sind. Wir sind eben nicht perfekt, funktionieren nicht immer so, wie wir „sollten" und haben auch mal unsere „Aussetzer", in denen wir fluchen, zicken, heulen usw., was aber auch einfach nur menschlich ist.

Gott hat uns so geschaffen, wie wir sind. Wir sind ein Abbild seines Selbst, also sind wir so perfekt, wie wir sind – MIT unseren Mängeln und Schattenseiten! Wir sind fühlende, denkende und handelnde Lebewesen und sollten uns selbst wie auch anderen mit Respekt und Liebe begegnen.

Nur wenn wir gut zu uns selbst sind, kann der Rest der Welt gut zu uns sein. Es ist meiner Meinung nach ein Trugschluss zu behaupten, dass man lieben könne, ohne sich selbst zu lieben.

Schwingt die Angst übermäßig in unseren Beziehungen mit, zerstören wir so nicht nur uns selbst, sondern auch andere – dieser Verantwortung sollten wir uns ebenfalls bewusst sein. Niemandem ist geholfen, wenn wir ständig misstrauen und auf unseren Partner unsere eigenen Unsicherheiten projizieren.

Zum Beispiel könne dieser uns ja gar nicht attraktiv finden, weil wir uns selbst ja gar nicht so sehen oder wie kann unser Partner uns als klug und emotional intelligent betrachten, wenn wir dies selbst nicht tun? Unsere Ängste blockieren unsere Sicht auf die Wahrheit der Dinge, denn durch die Augen der Liebe, könnten wir uns so sehen, wie unser Partner uns (hoffentlich) sieht.

Nämlich als vollkommenes Geschöpf, das liebevoll wie auch wertzuschätzen ist, weil wir sind, wie wir eben sind. Sieht dein Partner nur deine Mängel, hält er dir einen Spiegel vor und reflektiert dir, wie du dich selbst siehst. Hast du das erkannt, kannst du deine Selbsteinschätzung und eigene Wertschätzung ändern und entweder erwacht auch so dein Partner, oder aber, ihr habt alles Nötige voneinander gelernt und trennen sich eure Wege.

Das Leben ist ein ständiges Kommen und Gehen. Natürlich wünschen wir uns, wenn wir jemanden an unserer Seite haben, den wir über alles lieben, dass wir „für immer" mit diesem zusammen sein dürfen, doch ob das wirklich so ist, liegt wohl außerhalb „unserer Zuständigkeit".

Wichtig ist auch hier, dass wir uns an jedem einzelnen Augenblick, den wir zusammen verbringen dürfen, erfreuen, denn man weiß nie, was das Leben als nächstes für uns geplant hat! Das Leben kann von einer Sekunde auf die andere enden oder sich massiv ändern! Darum sollten wir jeden Moment auskosten und uns immer wieder darauf besinnen, dass das Leben wie auch wir selbst ein Geschenk ist/sind!

Alles ist im Fluss, wer festhält an Falschem, blockiert sich nur selbst – wie ich bei meinem Unfall. Ich hing an Dingen, die mir in Wahrheit nichts bedeuteten bzw. die meinem Herzen widersprachen und so wurde ich darauf aufmerksam gemacht, dass es an der Zeit ist, mein Leben wieder in die richtige Richtung für mich zu lenken und endlich herauszufinden wer ich bin und was ich wirklich will und das habe ich gemacht und bin ich seither tagtäglich daran, meine Träume zu realisieren und umzusetzen.

Zweifler gibt es leider immer wieder, doch sind auch sie ein Geschenk, weil sie uns auf unseren Glauben und unser Vertrauen in uns selbst prüfen! Die Menschen, die uns am meisten zu nahetreten, zeigen uns unsere Schwachpunkte auf. Ärgern sie uns, haben wir das Thema noch nicht durch und noch nicht alles gelernt, was es für uns zu lernen gibt.

Tangieren uns ihre Aussagen nicht mehr, haben wir unsere Lektion gelernt und sind bereit für neue Erfahrungen. Folge einfach wie immer deinem Herzen und du wirst zu deinem Ziel geführt. Vertraue dir selbst und bitte die Engel/das Universum/Gott um Hilfe, wenn du nicht weiterweißt.

Achte auf deine Träume, Botschaften und Zeichen, die dich begleiten in deinem alltäglichen Leben und versuche die

156

Stimme der Liebe darin zu erkennen, um dein Glück zu finden und zu genießen. Trau es dir zu!

Derzeit darf ich mal wieder sehr viel über mich selbst lernen. Besonders über meine eigenen Schatten der Vergangenheit. Ähnliche Situationen erwecken wieder die alten Gefühle und ehe man sich versieht, ist man inmitten eines (selbstkreierten Dramas), welches stark an Wiederholung erinnert.

Das Schwierige daran ist, sich neu zu orientieren! Das Gute daran ist, wenn man bereits in der Situation erkennt, dass auf einmal wieder alte Muster aktiv werden und beginnen abzulaufen.

Habe ich früher herum gezickt, mich verteidigt und gegen andere gekämpft, versuche ich heute meinen Fokus bei mir zu belassen und mich zu fragen, warum ich so empfinde und handle. Ich bemühe mich Ruhe zu bewahren und Verständnis für den anderen aufzubringen. Geduld und Liebe sind neben Vertrauen wohl die wichtigsten Faktoren in einer Beziehung.

Die Situation aus den Augen des anderen zu betrachten und sich in ihn hineinfühlen ist meiner Meinung nach das beste Mittel für gegenseitiges Verständnis. Habe ich vielleicht schon einmal ähnlich reagiert wie mein Partner in so einer Situation? War ich selbst auch schon mal in so einer Lage? Wie habe ich mich damals verhalten?

Erst einmal erkennen, dann versuchen zu verstehen und erst dann, wenn man sich darüber im Klaren ist, mit dem Partner das offene Gespräch von Herz zu Herz suchen. Ihm klarmachen, dass man ihm Verständnis entgegenbringt und ihn danach fragen, wie er das Gesagte/Getane gemeint hat oder warum.

Sagen, wie man sich dabei fühlt, warum man so reagiert und wirklich bei sich bleiben mit der Aufmerksamkeit. Keine Schuldvorwürfe oder Zweifel, denn diese machen uns blind für die Liege und schüren unser Ego, um Streit anzuzetteln. Bleibe bei dir und in der Liebe. Lausche der Stimme deines Herzens und nicht deines Egos!

Erkenne die Wahrheit deines Herzens und fühle in dich hinein. Teile dich deinem Partner mit und rede offen über deine Gefühle. Oftmals ist es unser eigener Teufelskreis aus Verstrickungen der Vergangenheit, der uns Kleinigkeiten als Dramas erscheinen lässt und uns dazu bringt, anders zu handeln, als unser Herz es uns sagt.

Durch die Auszeit heuer fand ich echt einen neuen Zugang zu mir selbst und schaffe es immer besser mein Ego als solches zu erkennen und mir selbst mit mehr Liebe und Geduld gegenüber zu treten. Ich sehe mich selbst in neuem Licht und lasse mich nunmehr von meiner Intuition leiten.

Der Unterschied zwischen Ego und Herz ist, dass unser Ego uns das Leben schwerer macht, als dies sein müsste und unser Herz uns immer den richtigen Weg im richtigen Moment aufzeigt. Die Wahl liegt wie immer bei dir, wie du dich entscheidest. Möchtest du einen leichten und angenehmen neuen Weg gehen oder aber verharrst du lieber in deinem gewohnten, verstrickten, dramatischen Egozustand?

Wenn du dir unsicher bist, was nun richtig oder falsch ist, nehme dir Zeit, setz dich hin, schließe deine Augen und atme ganz ruhig und tief und komme zu dir. Dann spüre in dich hinein und beobachte deine aufkommenden Gefühle.

Selbst in einer Konfliktsituation kannst du dir ein paar ruhige Atemzüge gönnen und versuchen, die Wut aus deinem Bauch heraus zu atmen und deine inneren Energiereserven neu anzuregen. Du musst nicht flach atmen und dir so selber deine Kraft rauben! Vergiss nicht zu atmen! In jeder Situation und Lebenslage! Bitte zum Beispiel Erzengel Raphael („Gott heilt") um Unterstützung, er führt dich gerne und unterstützt dich dabei, auf deine Gesundheit und dein Wohlbefinden zu achten.

Gefühle zulassen und ausleben ist für uns essentiell, egal, was wir als Kinder eingetrichtert bekamen – fühlen heißt leben! Gefühle sind Leben! Ohne Gefühle sind wir nichts. Stell dir mal ein Leben ohne Gefühle vor, wäre das nicht schrecklich? Keine Freude, keine Liebe, keine Freudentränen…

Manchmal – besonders dann, wenn man zutiefst verletzt oder enttäuscht wurde – wünscht man sich natürlich, dass man Gefühle einfach abstellen und loslassen könnte, doch das ist wider unsere menschliche Natur. Es hat schon alles einen Sinn, so wie es passiert! Sei dir dessen bewusst, dass es keinen Zufall gibt, sondern alles einer höheren Macht unterstellt ist. DU hast die Wahl dich zu entscheiden, ob du DEINEN vorherbestimmten Weg gehen oder abweichen möchtest. Wir sind nicht Opfer, sondern Schöpfer!

Denkst du, dass du Opfer bist, hast du nur Angst. Angst vor der Verantwortung und Angst davor, für dich und deine Taten die volle Verantwortung zu übernehmen, nicht mehr und nicht weniger! Auch ich falle, wie jeder andere auch, immer wieder in alte Muster und kämpfe mit meinen Ängsten und Sorgen!

Doch habe ich das Glück, dass ich mir der Macht des Gebets durchaus bewusst bin und so fokussiere ich mich, bitte meine Engel und Gott um Hilfe und achte auf die Zeichen und Gefühle, die mich dann heimsuchen. Sei es zum Beispiel, dass mir ein Buchtitel dermaßen ins Auge springt, dass ich gar nicht anders kann, als mir dieses Buch durchzulesen!

In den letzten Tagen zum Beispiel kämpfte ich, angesichts der Tatsache, dass ich meinen sicheren Job im öffentlichen Dienst aufgab, um meinem Herzenstraum der „Heilerin mit Worten und Händen" zu folgen, auf, und kam dadurch naturgemäß (besser gesagt: meiner Mangelgedanken gemäß) finanziell wieder etwas mehr ins Schleudern als sonst.

Es überkommen mich Gedanken wie: Wie soll ich mir mein Leben finanzieren? Kann mein Traum mich wirklich finanziell versorgen? Muss ich etwa wieder einen ungeliebten Job annehmen, um nicht unterzugehen? Meine Lieben ich kann nur erleuchtet/erleichtert sagen: Natürlich NICHT!

Die Macht meiner Gedanken ist mein stärkstes und wirkungsvollstes Instrumentarium! ICH habe die MACHT mit MEINEN Gedanken mein Leben zu ERSCHAFFEN, wie ICH es MIR wünsche und vorstelle! Alles steht und fällt mit meinem Glauben an mich selbst und meine Träume!

Und ich sage euch, ich glaube an mich und mein Talent und weiß, dass ich durch die guten Taten an der Gesamtheit meinen Betrag zum großen Ganzen leiste und dementsprechend – auch finanziell – versorgt werde.

Ich habe mir schon wieder lange genug Sorgen gemacht und mich selbst geängstigt! Ich habe die Nase voll davon und habe darum – nachdem ich Diana Coopers „Light up your life" begonnen habe zu lesen – Gott und den Engeln meine Sorgen und Ängste übergeben und überlasse nun Gott selbst die Kontrolle über mein Leben.

Ich weiß, was ich aus vollstem Herzen will und fokussiere mich auf Dankbarkeit und Liebe und mache mir wieder bewusst, wie viel ich schon geschafft habe in meinem Leben, und dass es unzählige wunderbare Menschen/Tiere und Dinge in meinem Leben gibt, für die ich dankbar sein darf/kann/soll.

Ich bringe wieder den Mut auf, neue Wege zu beschreiten, in dem ich meine innere Einstellung ändere umso das Spiegelbild in meinem Leben zu verändern. Gesetz der Anziehung gemäß folgt ja unseren Gedanken unsere Energie und da ich nun meinen Traummann an meiner Seite habe und mir meinen Traumjob wünsche, stelle ich mir immer wieder vor, wie gut es mir geht mit meinem Traumpartner an meiner Seite, meinen Traumjob lebend und mit Fülle am Konto.

Tagtäglich gönne ich mir diese Bilder des Glücks umso mein Inneres neu auszurichten und zu programmieren. Ich restarte mein ganzes Gedankensystem, um meine Ziele zu erreichen und meine Träume zu realisieren. Jeder kann das! Auch du und ich!

Erfolgreich und glücklich werden wir nur dann, wenn wir auch tatsächlich daran glauben. Niemand außer uns selbst kann uns den Erfolg oder das Glück in unser Leben bringen. Wir selbst ziehen alles an. Durch unsere Gedanken und

Gefühle formen wir tagtäglich in jedem Moment unseres Daseins unsere Welt und unser Leben.

Beobachte wirklich täglich immer wieder deine Gedanken. Sei es, während du mit dem Bus oder Auto fährst, während du in der Arbeit sitzt, Spazieren gehst, draußen oder drinnen bist... Frage dich: Was fühle ich gerade? Was denke ich gerade? Und erschrick nicht, wie negativ oft deinen Gedanken sind! Du hast sie unbewusst gedacht, doch das kannst du eben Schritt für Schritt ändern, indem du dir wieder bewusst wirst.

Jeder von uns ist entweder Opfer oder Schöpfer seines Lebens, wir haben IMMER die Wahl! Alles andere ist Bullshit. Entscheide dich bewusst für dein Leben deiner Wahl! Hadere nicht mit dem Schicksal oder mit Menschen um dich herum, die dich scheinbar unglücklich machen!

Willst du etwas ändern, ändere deine Einstellung dazu! Lerne zu vergeben und zu verzeihen und lasse los, was dich unglücklich macht. Vertraue darauf, dass deine Gebete immer beantwortet werden, in welcher Form auch immer und bitte zweifle nicht, wenn dein Wunsch sich anders erfüllt, als du vielleicht gedacht hast!

Du kannst nur dich über deine Einstellung beeinflussen, niemals aber einen anderen Menschen! Du bist für DICH verantwortlich, für alle anderen sind die anderen selbst verantwortlich. Natürlich umsorgen wir unsere Liebsten und kümmern uns um sie, doch müssen sie selbst für sich ihre Entscheidungen treffen und wählen! Wir können sie nur begleiten und unterstützen, alles andere liegt in DEREN Verantwortung!

Darum hör auf, dir selbst die Schuld für geschehene Dinge zu geben! Du kannst das, was passiert ist, ohnehin nicht mehr ändern! Du kannst nur lernen, deine Situation anzunehmen und versuchen daraus zu lernen, um ab jetzt dein Leben bewusst zu lenken! Gönn dir die Freiheit deines Herzens zu leben, indem du für dich und deine Träume einstehst!

Ziehen dich andere runter, lasse sie los und bete für sie oder sende ihnen Licht und Liebe ins Herz, sodass auch sie vielleicht irgendwann die bewusste Wahl für ein Leben voll Liebe treffen können. Lasse los!

23. *Fülle und Reichtum*

Was bedeutet für DICH Reichtum oder Fülle? Ist es dein Haus? Dein Auto? Dein Job? Oder aber siehst du wahrhaft die Dinge als Fülle an, die du bereits abseits des Materiellen besitzt? Wie Liebe, Geborgenheit, Familie, Freunde, Freude, Gesundheit?

Wie definierst du für dich Reichtum? Ich denke, dass man reich ist, wenn man sich dessen was man bereits hat bewusst ist, und dafür dankbar ist.

Ich beispielsweise fühle mich reich und gesegnet, weil ich eine Familie habe, die hinter mir steht und mich auffängt, einen Lebensabschnittspartner, der mich so nimmt und akzeptiert, wie ich bin, eine Katze an meiner Seite habe, die mich seit 2002 täglich begleitet, ich gesund bin und keine Schmerzmittel mehr brauche (außer in seltenen Ausnahmefällen) und mein Leben nach meinen Vorstellungen gestalten kann.

Derzeit erlaube ich mir den Luxus es mit der Selbstständigkeit zu versuchen. Mein Plan A lautet „Klingendes Herz – folgen auch SIE dem Ruf Ihres Herzens", mein Plan B ist, dass ich – gesetzt den Fall, dass Plan A nicht aufgeht – ich immer noch zurück in einen Bürojob kann.

Ich habe große Träume und Visionen, wenn es um meine Lebensaufgabe und Berufung geht. Ich spüre schon länger was alles in mir steckt und entdecke täglich mehr und mehr mein Potenzial, welches ich zum Wohle aller einsetzen möchte und mir gleichzeitig damit meinen Traum von meiner Berufung als Beruf erfülle.

Wie gesagt versuche ich derzeit Plan A zu realisieren, ob es klappt, liegt in Gottes Hand und ich vertraue ihm aus vollstem Herzen! Dazu beitragen kann ich nur, indem ich mein Ziel möglichst real visualisiere und ständig daran glaube, dass ich erfolgreich bin und es schaffe.

Andere in meinem Umfeld meinen, ich hätte „zu große Träume". Ich lächle dann immer und sage nur: „Wenn ich nicht groß träume, wo komm ich denn dann hin?" – sicher nicht weiter als zum Horizont, den ich bisher schon für mich entdeckt habe.

Träumen heißt Wachsen und Vertrauen. Neues entdecken und erblühen! Wer nicht träumt, hat schon verloren sagt mein Herz mir. Die Engel sagen mir immer, dass ich mir mein Leben in den schönsten Farben und größten Visionen ausmalen und darauf bauen darf und das mache ich, täglich sogar!

Es ist wie ein schönes Spiel, in dem man selbst die Hauptrolle spielt und seiner Fantasie freien Lauf lassen darf. Man darf sich sein Leben nach Herzenswunsch ausmalen und glaubt mir, es macht Spaß und erfüllt einen zutiefst! Es gibt einem ein Gefühl von innerem Frieden und vor allem von Sinnhaftigkeit.

Mein Traum umfasst unter anderem, dass ich einmal vielen Menschen und Tieren helfen darf. Als spirituelle Beraterin, Energetikerin und Engelsmedium und ich glaube daran, dass ich das kann! Nicht aus Größenwahn, sondern weil meine Engel mir sagen, dass ich ein wichtiges Medium bzw. Kanal für Heilenergie bin und es zu meiner Lebensaufgabe gehört, andere zu unterstützen und ihnen zu helfen und mit größter

Freude nehme ich diese wertvolle und wichtige Aufgabe als Lichtarbeiterin an.

Natürlich weiß ich, dass es schon viele Energetiker und Autoren oder Engelsmedien gibt (ich bin ja nicht auf der Nudelsuppe daher geschwommen!), doch weiß ich auch, dass jeder von uns einzigartig ist und es daher auch unsere Arbeit bzw. die Umsetzung unseres Wissens ist!

Ich bin davon überzeugt, dass jeder Autor anders schreibt und sich inspirieren lässt, ebenso wie jeder Energetiker einen anderen Werdegang und daher ähnliches Wissen sich angeeignet hat, jedoch kein zweiter dies gleich umsetzt! Es lebe die Individualität sag ich nur an dieser Stelle und glaube an meinen Erfolg, weil jeder von uns Erfolg und Freude sowie Glück und Fülle verdient!

So will es Gott/das Universum! Nichts geschieht zufällig oder ohne Grund! Darum liegt es an uns dieses zu erkennen, unsere Fähigkeiten und Talente zu erforschen und zu erlernen und unseren Weg zu gehen, indem wir unsere Berufung zum Beruf machen.

Die Eine ist vielleicht da, um in diesem Leben eine Mutter und Hausfrau zu sein und das „einfache" Leben zu genießen. Ein Anderer ist vielleicht dazu da, um als Extremsportler den Elementen zu trotzen und die Welt zu bereisen, um sie zu erklimmen. Wieder andere haben vielleicht die Aufgabe in der Forschung zu arbeiten, um Medikamente zu entwickeln, die viele Lebewesen retten können und wieder andere sind dazu da, um die Welt ins Ungleichgewicht zu bringen als Täter, Mörder oder was auch immer!

Alles im Leben hat einen Sinn, auch das scheinbar Böse. In dem Buch von Diana Cooper „Ligth up your life" hat sie eine tolle Erklärung geschrieben, dass sich selbst Opfer und Täter auf der geistigen Ebene (= höheres Selbst) das gegenseitige Einverständnis für ihr (oftmals gewaltsames) Zusammentreffen, was meiner Meinung nach Sinn macht und einiges erklärt. So ist im Leben nichts dem Zufall überlassen und alles hat seine Berechtigung.

24. *Masken erkennen*

Schon als Kind hatte ich immer das Gefühl „*anders*" als alle anderen zu sein. Ich war gern allein, konnte die Natur hören und verstehen und fühlte mich den Tieren immer schon näher als den Menschen. Ich fühlte mich immer irgendwie außen vor in der Schule und auch außerhalb.

Ich liebte es allein in der Natur zu sein, dem Wind zu lauschen und die Tiere zu beobachten – so geht es mir noch heute! Aus Unwissenheit wurde ich als wehleidig, schwach und sonderbar abgetan, was mich schon auch oft genug verletzte, doch war ich schon immer so wie ich bin und hasste nichts mehr, als mich anzupassen und verstellen zu müssen.

Doch legte ich mir – unbewusst – Masken zu: zB als ich anfing mit dem Piercen mit 13 Jahren oder auch inzwischen mit meinen doch etlichen Tattoos, welche meinen Körper heute zieren. Ich dachte ehrlich gesagt nie über eine tiefere Bedeutung nach, doch gestern in meiner Therapiesitzung mit meiner Psychologin, merkte ich, dass ich verunsichert wurde, als sie mich auf den mehr oder weniger Zweck meiner Tattoos ansprach.

Ich denke, ich fühlte mich eben nie *normal* und wollte deshalb auch nie *normal aussehen*! Meine Piercings (besonders die 8 sichtbaren im Gesicht) haben damals sicher viele Menschen auf Distanz gehalten und auch meine Tattoos ziehen besonders im Sommer die Blicke auf sich. Ich will damit weder schockieren, noch Aufmerksamkeit erregen, doch fühle ich mich durch meine Bildergeschichte *besonders*.

Für mich ist Körperschmuck in Form von Tattoos einfach eine Möglichkeit, meine Persönlichkeit in kreativer Form im Außen zu zeigen. So muss ich mich nicht verstellen und kann einfach ich sein. Noch nie traf ich bisher auf Ablehnung oder verbale Entgleisungen diesbezüglich! Eher stoße ich auf Neugier, wofür meine Motive denn stehen würden bzw. wer der Künstler dahinter sei.

Da besonders meine linke Körperhälfte (von der linken Brust bis derzeit noch Halfsleeve bis über beide Schultern und den mittleren Rücken) verziert ist, sagte mir eine Masseurin einmal, dass dies schon sehr wohl damit zusammenhängen könnte, dass ich meine Gefühle verbergen möchte, da die linke Seite ja für das Weibliche und unsere Gefühlsseite steht.

Darüber nachgedacht stelle ich schon fest, dass ich – zumindest anfangs – doch eher introvertiert bin, wenn ich jemanden kennen lerne. Ich vertraue eher langsam und öffne mich nicht gleich jedem, nur wenn mein Herz es mir sagt. Das hat weder mit Arroganz, noch mit Starrsinn zu tun. Ich handle einfach nach meinem Gefühl.

Natürlich ist der Kopf auch immer dabei, doch in erster Linie versuche ich meiner Intuition zu folgen, da dies die höchste Wahrheit – die Liebe selbst – ist und meinen Weg kennt. Vor allem bin ich der Meinung, dass man nicht jedem alles über sich sagen muss, wenn einem nicht danach ist! Man fällt ja auch gleich nicht mit der Tür ins Haus, wenn man jemand kennen lernt á la: „Oh, hallo! Freut mich dich kennen zu lernen. Ich bin derzeit arbeitslos und leide immer wieder an Depressionen, und du?".

170

Übertrieben dargestellt, aber ich glaube, du weißt, was ich meine... Manche Leute brauchen die ständige Selbstdarstellung via Socialmedia oder auch in Form von ständigem Quatschen, Schreiben, vor sich hin Summen, etc. Die meisten Menschen haben, glaube ich, Angst vor der Stille des Alleinseins.

Ich liebe es, Zeit für mich zu haben, in die Stille zu gehen und in mich hinein zu hören. Vielen macht dies Angst! Sie lassen sich vom Stress verführen und ablenken und gönnen sich keine Pause, denn „Faulheit" ist ja verpönt! Wobei, mal ganz ehrlich: Ruhe einkehren lassen in sein Leben hat echt nichts mit Faulheit zu tun!

Am Wasser sitzen, das Gras berühren, die Natur riechen und schmecken und mit allen Sinnen genießen und seine Gedanken zur Ruhe kommen lassen ist nicht „Nichtstun"! Es ist sich selbst Raum geben. Seine Sinne gedeihen lassen. Seine Träume bewusstwerden lassen und vor allem: Kraft tanken.

Wie wichtig immer wieder Ruhepausen zwischendurch sind, ist heutzutage ja nun echt kein Geheimnis mehr, denke man nur an die Stresskrankheiten wie Krebs, Burnout, Migräne, Bluthochdruck und so weiter.

Eine gesunde Lebensweise hört nicht bei Ernährung und Bewegung auf, sondern zieht sich immer über Körper, Seele und Geist! Alles ist Eins. Wir sind eins mit allem was ist. Stärke ich meinen Körper durch Bewegung, brauche ich nicht nur entsprechende gesunde Nahrung, sondern auch Regenerationsphasen, in denen ich zum Beispiel meditiere, Musik höre oder lese, um mich zu entspannen und meinem Körper die Zeit für den Muskelaufbau zu gönnen.

Wer immer nur auf Vollgas fährt, darf sich nicht wundern, wenn es ihn aus der Bahn wirft! Achte deinen Körper wie deinen persönlichen Tempel! Vergiss nicht, dass wir nur einen Körper pro Leben bekommen! Diesen sollten wir hegen und pflegen und hüten wie unseren größten Schatz auf Erden.

Um zu den Masken zurückzukommen: Überleg mal für dich ganz persönlich, welche Masken DU dir im Laufe der Jahre zugelegt hast und frage dich vielleicht auch gleichzeitig WARUM du dies getan hast.

Wolltest du dich auch wie ich vor Verletzungen von anderen schützen? Etwas *Besonderes* sein? Deine Persönlichkeit zeigen, ohne dabei zu riskieren, dein Gesicht zu verlieren? Gehe in dich und suche nach deiner Antwort. Vielleicht schaffen wir es, alle Masken irgendwann abzulegen und uns selbst so weit vertrauen, dass wir voller Mut zu uns stehen können, ohne die Angst im Nacken sitzen zu glauben.

Die größte Angst ist fast immer nur eine Illusion unserer eigenen Gedanken...

25. *Was nährt mich/Seele?*

In der schnelllebigen und stressorientierten Zeit wie heute, vergisst man meistens auf sich selbst und sein Wohlbefinden zu achten. Man tut so viel „um des lieben Friedens willen" und schluckt dabei viel zu viel Ballast runter, welcher sich wiederum durch ein körperliches Gebrechen manifestieren und uns in eine energetische Disharmonie bringen kann.

Halte einmal einen Moment inne, atme fünfmal ganz tief ein und aus, schließe die Augen und frage in dich hinein: „Was nährt mich?". Es ist gar nicht so einfach dies herauszufinden. Unsere Gedanken kreisen eher um die Dinge, die uns stören, uns die Kraft oder die Luft zum Atmen nehmen. Doch was nährt mich wirklich?

Bei mir ist dies beispielsweise Musik – je nach Stimmung mal melancholisch klassisch, mal harte Rockmusik, aufheiternde Popmusik oder auch bassschwerer Techno. Was auch immer deine „Geheimzutat" für dein Glück ist, gönn sie dir sooft du kannst!

Nimm dir jeden Tag mindestens 30 Minuten Zeit nur für dich (zB 15 Minuten in der Früh und 15 Minuten am Abend), in welcher du all das tust, wonach dir in diesem Augenblick ist. Sei es Luftsprünge machen, singen, tanzen, einfach mal nur auf der Couch liegen, in der Wiese liegen und nach oben gucken…

Vitalisiere dich und lade dich auf. Atme tief und bewusst in deiner Zeit, in deinem ureigenen Rhythmus und spüre die Leichtigkeit in dir aufsteigen. Schicke ein herzliches Lächeln durch dein ganzes Sein in alle deine Zellen und danke deinem Körper, dass er dich durch dieses Leben trägt und dir/Seele ein Zuhause bietet.

Gönne dir ein Fußbad, eine Massage oder ähnliches, um deinem Körper/deinem Seelentempel zu huldigen und ihm Respekt zu zollen – er hat es sich mehr als verdient, meinst du nicht? Achte auch gut auf deine Gedanken über dich selbst, denn auch diese können dich stärken oder schwächen, je nachdem ob du positiv oder negativ über dich denkst.

Vergiss bitte nicht, dass du fühlst, was du denkst, und dass deinen Gedanken und Gefühlen deine Energie folgt!

Fokussiere dich zum Beispiel in den schwierigsten Momenten deiner Beziehung (egal ob Partner, Eltern, Kinder, etc.) einfach auf das Wesentlichste in einer Beziehung: die Liebe! Das gibt deiner Energie eine ganz andere, neue Richtung und lässt dich wieder vom Opfer- in den Schöpfermodus umschalten, denn unsere Liebsten sind die Spiegel unserer Gedanken.

Ärgert dich etwas an deinem Partner, frage dich, ob du diese Seite nicht auch an dir hast oder etwa ablehnst. Versuche neugieriger Beobachter statt ständiger Scharfrichter zu sein. Gönne dir mehr Gelassenheit und Leichtigkeit statt Wut und Ärger bzw. Ohnmacht.

DU bist HERR/HERRIN deiner Welt/deines Lebens, also nutze die dir innewohnende Macht zum Wohle aller mit der Weisheit deines Herzens. Versuche dein Ego zu überwinden, das lügt uns nur zu oft etwas vor und macht uns damit unglücklich.

Sei Schöpfer und vor allem ein Bote der Liebe! Geht es dir gut, weil du dich liebst, geht es auch allen in deinem Umfeld gut und sie können dich auch so lieben wie du dich selbst, nämlich grenzen- und bedingungslos. Du bist einfach wunderbar und einzigartig! Dich gibt es nur einmal in dieser Form wie du jetzt gerade bist!

Das Jetzt ist dein Freund, darum vergegenwärtige dir immer wieder wofür du dankbar bist und erfreue dich an deinem Leben – so ziehst du noch mehr Gutes an.

26. *Vertrauen, Vertrauen, Vertrauen*

Dieses Jahr hat es für mich persönlich wirklich in sich: gleich am Anfang der Unfall, Beendigung Beziehung, dann monatelanges Zurückkämpfen und Selbstfinden, neue Ausbildung begonnen, Job gekündigt, neue Beziehung, neue Fülle, neues Lebensgefühl.

Alles läuft wunderbar und doch kämpfe ich täglich gegen meine inneren Dämonen „Angst", „Verzweiflung" und „Ungewissheit". Doch so schwierig es auch immer wieder aussehen mag, ich gebe die Hoffnung niemals auf! Nur wer hoffen kann, kann auch Wunder erleben.

Derzeit bin ich auf dem Standpunkt mit nebengewerblich geringfügig selbstständig zu machen als (Human- und Tier-)Energetikerin, um mir meinen Lebenstraum zu erfüllen, schreibe an meinem Buch und poste immer wieder Selbstgeschriebenes als Autorin und bin noch immer beim Finden meines Brötchenjobs.

Ich weiß, was ich nicht mehr will und trotzdem fällt es mir immer wieder schwer, mich darauf zu fokussieren, dass ich mich Gott getrost anvertrauen kann und er das Beste für mich möglich macht, solange ich daran glaube.

Mein Traumbrötchenjob sieht so aus, dass ich 30-40 Wochenstunden arbeite, mein Energetikgewerbe sowie meine Ausbildung nebenbei problemlos ausüben kann, der mich erfüllt und mir Freude bereitet und mich finanziell absichert in einem netten Team mit kompetenter Führung und öffentliche Erreichbarkeit ist für mich ganz wichtig.

Ich liebe es technisch zu Tüfteln und Menschen zu unterstützen und zu coachen. Eine stupide Tätigkeit möchte ich tunlichst meiden soweit möglich, denn das zermürbt mich nur und kostet mich zu viel meiner wertvollen Energie.

Jahrelang habe ich im öffentlichen Dienst mit fast nur negativer Materie zu tun gehabt, das möchte ich auch nicht mehr. Ich möchte etwas Sinnvolles tun und meinen Beitrag leisten, darum vertraue ich weiterhin auf Gott, dass er mich zu der für mich besten Aufgabe führt, in der ich am meisten für andere tun kann.

Hoffnung stirbt zuletzt und gebe ich sowieso nie auf, komme was wolle. Auch wenn das Wetter heute grau in grau und nasskalt ist, so weiß ich ja auch, dass auf Regen immer (irgendwann) auch wieder Sonnenschein folgt und im Leben ist es genauso.

Nach schwierigen Zeiten kommt immer wieder eine schöne und leichtere Zeit, wir müssen nur unseren Glauben von ganzem Herzen darauf fokussieren und unsere Emotionen positiv ausrichten, um das Gewünschte auch tatsächlich anzuziehen.

Rein durch meinen eigenen Willen und mit der Unterstützung der himmlischen Mächte, fand ich (weil ich darum ausdrücklich gebeten habe) immer wieder Menschen, die mich bestmöglich auf meinem Weg unterstützen, was mich meinen Zielen und Wünschen näherbringt.

Auch hat mir mein unerschütterlicher Glaube geholfen, uralte Verhaltens- und Gedankenmuster endlich zu erkennen und zu sprengen und nun führe ich zum ersten Mal in meinem Leben eine glückliche Beziehung, in der die Liebe das Wesentlichste ist, hab ein Plus auf meinem Konto (und das schon seit ein paar Wochen, was für mich einen neuen persönlichen Rekord bedeutet!) und geht es mir auch gesundheitlich (Dank Psychotherapie und Heilpraktiker) super.

Natürlich hinke ich ab und zu „daher" weil mir die Kraft ausgeht, dann geh ich eben wieder zum „Service" und lasse mich auftanken. Meine Ausbildung macht mir so viel Spaß und habe ich so viele tolle neue Methoden kennen gelernt, um anderen zu helfen.

Es sind oft die „zufälligen" Dinge, die uns am meisten Freude bereiten und auf unserem Weg weiterbringen. Unser Herz weiß. Unser Verstand denkt zu wissen. Was uns letztendlich hilfreicher ist, können wir uns selbst beantworten, indem wir uns die Frage stellen: „Was bringt mich meinem Herzenswunsch näher?" und achten dann auf die Gefühle, die in uns hochkommen.

27. *Hmmm*

Schon seit Jahren kommt es immer wieder vor, dass ich „Energien" wahrnehmen kann, eigentlich mein ganzes Leben schon. Meistens macht mir dies Angst, da ich diese nur spüre, jedoch nicht sehe (oder vielleicht ist das sogar – in meinem Fall – besser so).

Dass es Energien/Geister/Engel/Dämonen etc. gibt, ist für mich real und sagt mein Herz es mir, dass dies die Wahrheit ist, egal was andere oder die berühmte Wissenschaft dazu sagen mag, ich hör auf mein Herz und bestimme selbst, was für mich wahr ist, und was nicht.

Ich merke einfach in letzter Zeit, dass durch die jahrelange Selbstbehandlung, die Selbstfindung nach meinem Unfall heuer, die vielen Hypnosetherapiesitzungen und zusätzlichen Heilbehandlungen meine Kanäle gründlichst durchgeputzt wurden und sich nun immer weiter öffnen.

Das heißt, dass ich noch mehr wahrnehmen kann, als bisher. Ich ging in einer Hypnosetherapiestunde zB. zurück in meine Kindheit und sah mich draußen im Garten mit meinen Katzen und meinem Schutzengel sprechen! Als Kind war das also total normal für mich, ich konnte mich nur nicht mehr daran erinnern!

Als Erwachsene fand ich erst langsam durch Gebet, Reiki, Schreiben und Meditation wieder einen Zugang zu Gott und den Engeln. Ich lehnte die Engelwesen lange Zeit ab, warum auch immer. Vielleicht auch, da ich mir während meiner Suchtphase von 14 bis 16 Jahren viele Fremdenergien (auch dämonische) einfing, welche mich sehr lange durch Angst von meinem lichten Weg fernhielten.

Erst durch eine schamanische Behandlung letzten Sommer konnte ich mich von diesen befreien (lassen) und finde seither langsam zurück zu meiner wahren inneren Kraft. Es ist sehr spannend für mich zu beobachten, wie sich alles um mich verändert, weil ich mich so verändert habe.

Brauchte ich früher noch Monate um auf diverse Ursachen zu kommen und diese zu ändern, geht dies heute binnen Stunden/Minuten/Sekunden! Natürlich nicht immer, es kommt ja alles von selbst auf zur rechten Zeit, wann wir es auch lösen und annehmen können.

Gott hat für jeden von uns einen Plan und weiß am besten, wann wir bereit dafür sind. Wir selber glauben ja sowieso meistens, dass wir noch nicht bereit oder reif genug für etwas sind und werden dann in den meisten Fällen einer „Feuerprobe" von „oben" unterzogen und siehe da, wir meistern es ohne größere Probleme und wachsen wieder über uns selbst hinaus.

Das stärkt uns und verleiht uns mehr Selbstsicherheit. Wir wachsen, sind stolz (stärken unser Ego) und lernen wieder mehr unserer Intuition und uns selbst zu trauen, was das Wichtigste überhaupt ist. Wir selbst haben immer das Werkzeug in der Hand, denn jedes Problem birgt auch die Lösung in sich, das ist einfach so.

Wollen wir uns in Ohnmacht hüllen und als Opfer darstellen, sehen wir dies natürlich nicht so, denn dann sind wieder alle anderen, das Schicksal, Gott oder wer auch immer daran

„Schuld", nur wir nicht... Das bringt nix, ehrlich! Glaubt es mir! Selbstmitleid bzw. Mitleid generell hat noch nie jemanden geholfen.

Es stärkt keinen, wenn wir durch Mitleid in das Drama eines anderen einsteigen, im Gegenteil! Er oder sie schwächen sich dadurch selbst und wir unterstützen das Ganze noch und rauben uns selbst wertvolle Energie.

Mitgefühl hingegen ist die Liebe, welche stützt und versorgt. Willst du jemandem Gutes tun und helfen, dann bete für ihn/sie und schicke ihm/ihr gute Gedanken. Stell dir die Person glücklich und gesund vor und glaube mir, das wirkt am meisten und ermöglicht wahre Wunder.

Willst du gesund sein, denke und fühle dich gesund. So lange du dich krank fühlst und leidest, hilft dir das nicht! Versteh mich bitte nicht falsch, denn ich rate dir nicht deine Krankheit zu verdrängen! Aber vergifte deinen Geist nicht indem du mit deiner Krankheit Karussell fährst, sondern versuche dich in kurzen immer wiederkehrenden Tagträumen/Visionen gesund zu sehen.

Sehe dich (oder die Person/dein Haustier, wer auch immer erkrankt ist) gesund und fröhlich, lachend herumtollen und die Freude am Leben leben.

Ich habe dies nicht nur bei mir gemacht, dass ich mich in einer glücklichen Beziehung, meinem Traumgewicht und mit Plus am Konto fokussiert habe, bis ich es erreicht habe und mache damit inkl. Traumjob in meiner Vorstellung meinem Herzen weiter, sondern habe dies auch bei meiner kranken 12-jährigen Katze gemacht.

Mein Kater wollte einfach mit 11 Jahren diesen Sommer gehen, was ich ihm natürlich gewährt habe. Festhalten bringt niemandem etwas! Das staut nur den natürlichen Energiefluss auf. Ich ließ ihn los und sah ihn beim Verabschieden schon gesund bei den Engeln, was mich sehr erleichterte. Der Tod ist meiner Ansicht nach eben nur ein Wechseln in eine höhere Ebene.

Zurück zu meiner Katze: Sie musste täglich monatelang Tabletten wegen ihrer Schilddrüsenüberfunktion nehmen, um nicht noch mehr abzunehmen, was eine Zeit lang gut funktionierte, doch nachdem ich meinen Kater gehen ließ, ging es auch ihr erst besser, dann schlechter.

Natürlich war auch für sie der Tod ihres Sohnes schwer, und dass es mir nicht so gut ging, schwächte auch sie zusätzlich. Es war ein Teufelskreis und mit Hilfe der Radionik(-auswertung), wurde mir klar, dass meine Katze mir ständig (wenn sie sich zu mir legte), mir meine schweren Themen abnahm und auf sich zog (energetisch).

Durch die Auswertung wurde mir dies bewusst und arbeitete mit Hilfe meiner Engel und Reiki daran, dass ich uns beide als selbstständige und vor allem eigenständige Lebewesen behandelte und uns beide „voreinander" schützte (auf energetischer Ebene).

So recht funktionierte dies anfangs nicht, weshalb ich schon dezent verzweifelt war und auch meine Tierärztin, die Chiropraktikerin und auch energetisch sehr feinfühlig ist, momentan nicht recht weiterwusste.

So bat ich meine Engel um Rat und bekam ich den Impuls, die Medikamente und auch Homöopathika wegzulassen und meiner Katze stattdessen täglich mehrmals nicht nur die Hände aufzulegen (Reiki), sondern auch ihr dazu Heilenergie zu geben (dafür bitte ich Erzengel Raphael, den Heiler, um goldenes göttliches Licht der Transformation) und stellte sie mir noch dazu gesund und glücklich vor.

Nach wenigen Tagen/Wochen blühte meine Katze derart auf, dass sie jetzt wieder um Jahre verjüngt aussieht! Sie ist quietschfidel, schnurrt, miaut und knuddelt als gäbe es kein Morgen! Ich habe sie in ihrer Heilung unterstützt und mich nicht mehr auf ihre Krankheit konzentriert, da unseren Gedanken ja die Energie folgt!

Auch bei mir selbst versuche ich nicht an meine Depression zu denken, sondern fokussiere mich täglich auf meine Gesundheit und auch ich bin seit einigen Monaten wieder auf dem richtigen Dampfer! Natürlich geht es mir auch immer wieder mal schlecht und neige ich dazu, mir viel zu viele Sorgen zu machen, doch merke ich jetzt schneller, wenn ich ins alte Drama einsteige und kann die Notbremse ziehen.

Fühle ich mich sehr müde und kann aus dem Gedankenkarussell nicht mehr aussteigen, lasse ich mich wieder beim Heilpraktiker oder Energetiker auftanken. Zusätzlich behandle ich mich täglich, aber um gleich mal vorweg zu nehmen: Jeder Therapeut braucht seinen Therapeuten und ebenso braucht jeder Energetiker auch seinen Energetiker.

Selbsthilfe und –arbeit lassen uns reifen und wachsen, doch braucht jeder immer wieder mal Hilfe/Impulse von außen/anderen und dazu gibt es uns Menschen ja. Um uns

183

gegenseitig zu helfen, wenn wir Hilfe benötigen. Ich finde es nur nicht seriös, wenn Energetiker oder Mediziner Klienten mehr oder weniger von sich abhängig machen!

Viel wichtiger ist es, dass wir uns unserer Verantwortung bewusst sind und Menschen soweit unterstützen und begleiten, soweit es nötig ist und jedem selbst seine Selbstverantwortung zugestehen. Ein guter Energetiker ist man meiner Meinung nach dann, wenn die Klienten selbst lernen, wie sie sich helfen können und brauchen sie mal Hilfe, ist man für sie unterstützend da.

Man soll niemandem etwas abnehmen, weil man ihm somit die Erfahrung vorenthält, wie es ist, wenn man selbst ein Problem erkennt und löst und alleine die Freude, die man dabei empfindet, ist einfach unbeschreiblich schön und auch wichtig! Das sollte man keinem vorenthalten!

Erst wenn wir uns Schritt für Schritt an unsere Ängste heranwagen und diese nach und nach ans Licht bringen, können wir sie uns anschauen, sie verstehen, annehmen und dadurch in Stärke verwandeln.

Wie gesagt, habe auch ich Angst davor „Dinge" sehen zu können, doch bin ich von Geburt an ein hellsichtiges Engelsmedium und gehört dies zu meinem Naturell und hab ja selbst um „klare Sicht" gebeten… Tja, ich vertraue Gott, dass alles so kommt, dass ich es händeln kann und weiß ja, dass ich von meinen Engeln allzeit beschützt bin.

Wenn selbst Erzengel Michael mein persönlicher Erzengel und Beschützer ist, dann sollte ich langsam lernen, meine

Angst abzulegen und mehr zu vertrauen, denn alles kommt zum richtigen Zeitpunkt zu uns.

Wir sind immerdar und auf allen Ebenen beschützt. Es ist ein Trugschluss zu denken, wir seien Einzelkämpfer und ganz allein auf der Welt, dies ist niemals die ganze Wahrheit, frage dein Herz und spür in dich hinein…

28. *Schattenseiten*

Im Leben begegnen wir täglich unseren Schattenseiten. Meist werden uns diese von unseren Mitmenschen mehr als deutlich aufgezeigt. Es sind Anteile, die wir nicht annehmen oder wahrhaben wollen. Emotionen wie Eifersucht, Neid, Wut, Aggression oder auch Eitelkeit wollen wir uns nur zu oft nicht eingestehen.

Doch gehören unsere Emotionen zu uns wie der Name an unserer Tür! Wir sind immer Licht UND Schatten, Yin und Yang, männlich und weiblich. Ob wir uns dies nun eingestehen wollen oder nicht, wir leben in einer Welt der Dualität.

Unsere Lebensaufgabe besteht unter anderem darin dies zu erkennen, anzunehmen und zu akzeptieren. Das Eins-Sein anstreben ist sicherlich das schwierigste Unterfangen, da es dafür gilt, unser Ego zu überwinden.

Wir glauben immer, dass uns unser Charakter ausmacht oder vielleicht sogar das, was wir besitzen und tun. Doch was oder wer sind wir wirklich? Was bleibt von uns über, wenn wir sterben und in eine andere Form übergehen?

Was von uns bleibt, ist wohl die Energie unserer Taten. Die Güte und Freude, die wir gelebt und verbreitet haben. Unsere Kinder, unsere Werke, die wir vollbracht haben. All dies sind unsere Hinterlassenschaften, alles andere wie Besitz, Macht, Reichtum können wir nicht mitnehmen.

Sich seinen Schatten anzuschauen erfordert in erster Linie Mut und in weiterer Folge Geduld. Die Geduld mit uns selbst. Uns anzunehmen wie wir sind. Uns einzugestehen, dass wir nicht nur Friede, Freude, Eierkuchen sind.

Wir sind Individuen mit Ecken und Kanten. Wir haben alle unsere guten und schlechten Eigenschaften. Sich dessen bewusst zu werden und zu sein und so zu leben, erfordert viel Aufmerksamkeit von uns.

Weniger Denken und mehr Beobachten! Unsere Energie darauf auszurichten, was wir lieben, was wir erreichen möchten, was uns glücklich macht, sind sicher Schritte in die richtige Richtung auf unserem Herzensweg.

Es gehört zu unserem Naturell, dass wir uns mit anderen vergleichen und (vermutlich anerzogen in unserer Gesellschaft) darum Gefühle wie Neid, Eifersucht etc. zwar wahrnehmen, aber oftmals nicht annehmen.

Wer (länger) Single ist, wird bei jedem Anblick eines verliebten Liebespaares wohl traurig, neidisch oder gar böse, weil wir dieses Glück selbst momentan nicht in unserem Leben haben. Vielleicht missgönnen wir manchen sogar ihr Glück!

Oder sind wir gerade mitten beim Abnehmen und stehen gerade mit unserem Gewicht, fällt es uns wohl schwer, uns über den Abnehmerfolg anderer zu freuen und ihnen Glück zu wünschen.

Doch egal wie es momentan in deinem Leben auch aussieht – es folgt auf Regen IMMER Sonnenschein! Vertrau darauf, dass auch du das Glück verdienst und anziehst, indem du es aussendest und lebst!

Glück und Liebe sind eine Einstellung zu sich und zum Leben.

Sind wir im Moment vielleicht noch nicht am Ziel unserer Träume angelangt (Ehe und Familie, Traumjob,

187

Traumfigur…) so liegt es doch an uns das Beste aus unserer Situation zu machen und sich beispielsweise unsere bisherigen Erfolge anzusehen!

Was hast du bisher in deinem Leben alles gemeistert? Wie vielen Menschen bist du eine Stütze in deinem Leben? Wie oft hast du schon deine Angst überwunden und bist daran gewachsen? Wie sehr beglückst du deine Mitmenschen und deine Haustiere, einfach nur, weil du da bist?

Das Leben ist so wunderschön und sollten wir genügsam und dankbar sein für alles, was wir haben! Unsere Gesundheit, unsere Talente, unser Zuhause usw. usf.

Wir richten unsere Aufmerksamkeit viel zu oft auf den Mangel in unserem Leben, was uns das Leben selbst schwer macht! Wer sein Leben und sich selbst liebt, braucht nicht auf andere eifersüchtig zu sein, denn er ist sich seines inneren Reichtums BEWUSST.

Mangel entsteht immer nur aus dem Denken heraus. Worauf richtest du deine Aufmerksamkeit? Auf die stylische Familie mit dem Traumhaus und dem Traumauto mit vermutlich vollem Konto oder aber auf DEIN Leben, DEINE Familie, DEIN Traumhaus/Zuhause, DEIN Auto und DEIN Konto.

Selbst wenn du verschuldet bist und finanzielle Probleme hast, hast du diese aus einem Mangeldenken heraus selbst angezogen. Ich will nicht sagen, dass man nicht (als Bürge) auch Schulden „erben" kann! Doch stellt sich immer nur die Frage: Wie gehst DU mit der Situation um?

Wie immer ist die Liebe die Antwort auf alle Fragen! Liebe dich und dein Leben und dein Mangeldenken wird sich mehr und mehr in Fülle Denken und Dankbarkeit ändern! Glaub mir, ich habe es selbst erfahren und erlebt.

Mein ganzes Leben lang habe ich alte und fremde Verhaltensmuster gelebt, weil ich diese übernommen habe von meinem (familiären und sozialen) Umfeld. Doch ist immer jetzt im Moment die Chance, mein Leben neu zu gestalten und umzudenken.

Du hast jede Sekunde eine neue Chance dazu, nutze sie! Versuch es! Trau dich! Umso mehr du dir deine Schatten aus der Vergangenheit (dazu zähle ich auch Verhaltensmuster etc.) ansiehst und dir dieser bewusst wirst, umso mehr kannst du dein Werkzeug (die Kraft deiner Gedanken) nutzen, um dein Leben positiv zu beeinflussen.

Auch wenn es anfangs sicherlich sehr schwer ist – bei mir dauerte es auch Jahre! – so gelingt es dir mit der Zeit immer besser. Gib nie die Hoffnung auf, das Beste aus deinem Leben zu machen! Leg bitte die Opferhaltung ab und steh zu dir und deinem Selbst!

Erkenne deinen inneren und äußeren Reichtum in deinem Leben! Sieht man sich die „Dritte Welt" an, leben diese Menschen (aus unserer Sicht) zwar in Armut, doch haben viele dieser vermeintlich Armen immer ein Lächeln im Gesicht.

Sie sind bescheiden, leben bewusst und dankbar. Sie haben das Nötigste und wissen um ihre Einstellung zu sich und zum Leben. Sie glauben an das Gute in der Welt und denken nicht daran, dass sie arm sind und nichts haben.

Denke dabei nur an die Naturvölker, die noch so leben, wie unsere Vorfahren vor tausenden von Jahren! Sie leben im

Einklang mit der Natur. Sie kennen viele Krankheiten, die uns „moderne" Menschen befallen (Depression, Burnout) nicht – oftmals gibt es nicht einmal ein Wort dafür in ihrer Sprache!

Sollten wir uns nicht ein Beispiel an diesen besonderen und wunderbaren Menschen nehmen? Macht und Habgier ist etwas, das vieles zerstört. Man denke daran, wie der „weiße Mann" die „Rothaut" vertrieben und getötet und sich dann ihr Land angeeignet hat.

Ist so etwas wirklich nötig? Muss das sein? Wäre es nicht wunderbar, wenn man in Frieden miteinander leben und voneinander lernen und die Vorteile einer jeden Lebensweise gemeinsam nutzen und weiterausbauen würde?

Nenn mich ruhig naiv oder einen Optimist, doch fühle ich, dass uns Friede und Liebe weiterbringen als Macht, Geld und Krieg. Ich bete täglich um Licht und Liebe für das ganze Universum und all seine Bewohner, weil ich daran glaube, dass unseren Gedanken unsere Energie folgt.

Wenn man nicht immer nur das Negative fokussiert (Nachrichten, Zeitungen, etc.), sondern auf das Schöne und Gute lenkt, so wandelt sich alles im Laufe der Zeit, davon bin ich überzeugt. Würden ALLE Menschen auf der Welt so denken, würde sich unser Weltbild wohl im Laufe der Jahre/Jahrzehnte/Jahrhunderte definitiv zum Besseren wenden.

Ich gebe die Hoffnung nicht auf, dass es eines Tages so sein wird, auch wenn ich dann nicht mehr in dieser Form existiere, so kann ich jetzt schon darauf hinarbeiten.

29. *Loslassen und neu starten*

Inspiriert von dem Buch „Engelrituale" von Jutta Fuezi, habe ich gestern – nachdem ich die letzten Tage ein ständiges Auf- und-ab durchlebt habe (was seeehr an den eigenen Ressour- cen zehrt), nahm ich mir gestern die Zeit und setzte mich mit einer leeren, geöffneten Plastikflasche auf meinen Lieblings- platz, kam zur Ruhe und bat die Engel des Loslassens und Neubeginns um Unterstützung bei meinem kleinen Ritual.

Ich nahm die Flasche mit beiden Händen und ließ allen Kum- mer, alle Sorgen, alle Wut, alles Vergangene, alle Ex-Partner usw. in diese Flasche fließen und fühlte, wie meine Handflä- chen „zu arbeiten" begannen (sie kribbelten und wurden ganz warm) und das Erstaunlichste war, dass selbst mein Herzzentrum samt Solarplexus total intensiv zu arbeiten be- gannen und ich mich immer wohler und leichter fühlte.

So verbrachte ich eine Weile, bis ich das Gefühl hatte, dass ich befreit von allem Ballast bzw. die Flasche voll war. So ver- schraubte ich die Flasche wieder, bedankte mich bei den En- geln für ihre Unterstützung und brachte die Plastikflasche vor die Tür und warf sie in einen Müllcontainer, was total befreiend wirkte.

Nach solchen Loslassritualen, fühle ich mich anfangs immer etwas „leer" und desorientiert, doch das ist nicht verwunder- lich, wenn man bedenkt, dass man gerade jahrelangen Ballast losgeworden ist! Ein wunderbares Gefühl der Freude und Er- leichterung stellten sich kurze Zeit später ein, was mich sehr erfüllte.

Welche Bürden trägst du immer noch mit dir herum, die eigentlich schon längst abgeschlossen und aufgearbeitet sind? Spuken dir öfter Ex-Partner oder ungeliebte „Freunde" durch deine Gedanken oder sogar dein jetziges Leben? Dann ist dies eine Botschaft für dich, dass du etwas diesbezüglich noch nicht aufgearbeitet bzw. losgelassen hast!

Danke dem Universum für die Zeichen und versuche die Botschaft dahinter zu erkennen. Vielleicht geht es einfach nur ums Loslassen, vielleicht aber auch ums Verzeihen? Hast du dir selbst schon all deine vermeintlichen Fehler und eventuellen Gräueltaten verziehen oder bist du noch im Unfrieden mit dir selbst? Hast du deinen „Arschengeln" schon verziehen, oder ärgern sie dich immer noch?

Versuche bitte immer wieder dich von unnötigem Ballast zu befreien! Das Leben ist ein Geschenk für/an dich, welches dir Freude und Glück bescheren und nicht durch Gedanken an die Vergangenheit erschweren soll!

Dein Geburtsrecht ist es, Freude zu empfinden, Glück zu leben und Liebe sowie Fülle zu empfangen! Mach dir das immer wieder bewusst, denn wir vergessen das nur immer wieder zu gern, weil wir „Glück ja nicht verdienen" oder ähnliches dummes Zeugs!

Genieße dein Dasein und feiere dich, denn du mein lieber Leser/meine liebe Leserin, bist ein vollkommenes Geschöpf, ein geliebtes Wesen und ein Wunder an sich. Vergiss das nie und rufe es dir immer wieder in Erinnerung, wenn du traurig bist (und auch sonst natürlich).

Du kannst dazu ein kleines Selbstlieberitual ausprobieren, das mir immer wieder viel Freude bereitet und mein Herz öffnet.

Dazu kannst du dich entweder vor einen Spiegel setzen und dich ansehen, oder auch nur deine Augen schließen, in dich gehen und dich im Herzen zu zentrieren, was dir am meisten liegt, das mache bitte.

Dann sage dir, was du gerne von anderen hörst, zB. wie großartig und wunderschön du bist, wie liebenswert und weise, wie intelligent und einfühlsam usw. usf. Sage dir all die Dinge, die du anderen sagen würdest, denn DU bist der Anfang und das Ende deines (irdischen) Seins.

Erst wenn DU dich so liebst und akzeptierst, wie DU bist, können es auch die anderen! Gebe dir selbst die Liebe, die du sonst im Außen suchen würdest und erlebe eine neue Beziehung zu dir selbst aufblühen.

30. Neustart

So vieles was andere für unmöglich hielten, habe ich in diesem Jahr geschafft: Ich habe Altes losgelassen um Platz zu schaffen für Neues. Durch meinen Unfall erst mein Auto, dann meinen hohen Posten und meinen unpassenden Partner.

Dann begann ich eine Therapie und Ausbildung zur Dipl. Energetikerin nach TCM und innerer Balance, welche ich inzwischen mit sehr gut abgeschlossen habe.

Im Sommer kündigte ich meinen nicht mehr zu mir passenden Job beim Bund und bekam dadurch die Zeit, die ich brauchte, um wieder in meine Mitte zu kommen.

Außerdem musste ich mich zwar nach 11 Jahren von meinem geliebten Kater verabschieden, dafür kam meine große Liebe nach 14 Jahren zurück in mein Leben.

Durch das ganze Jahr hindurch schaffte ich es meine alte Top Figur nicht nur wiederzuerlangen, sondern auch mein Gewicht zu halten. Ebenso änderte ich meinen Look wieder mehrmals, was mich frisch bleiben lässt.

Obwohl ich immer wieder Fehlschläge erlitt, kämpfte ich weiter, weil ich fühlte, dass ich auf dem richtigen Weg bin. Meine himmlischen wie irdischen Helfer halfen mir stets weiter, wenn mich der Mut verließ. Die Hoffnung jedoch habe ich noch nie verloren, darauf bin ich sehr stolz.

Die Welt kann dich aus den Ankern reißen, doch liegt es an dir mit dem Wind zu segeln, um neue Welten zu entdecken.

Während meiner Ausbildung in diesem Jahr, durfte ich nicht nur mein Heilwissen enorm erweitern und neue Freunde dazu gewinnen, sondern auch sehr viel über mich selbst lernen und mich weiterentwickeln.

Ich kam in Ebenen, die ich schon sehr lange Zeit vergessen hatte und fand somit wieder mehr in meine Kraft und zurück zu meinem Ursprung, nämlich Heilerin mit Worten von Herz zu Herz zu sein.

Ich habe die Gabe Heilenergie zu kanalisieren um anderen (wie auch mir selbst) helfen zu können, doch vor allem – das bekam ich mehrmals gesagt – darf ich mit meinen Worten heilen.

Viele, die meine Blogs oder Seiten auf Facebook verfolgen schrieben mir, wie sehr ihnen meine Worte helfen bzw. Kraft geben für ihren eigenen Weg und andere wiederum schrieben mir, dass sie sich von meinen Worten sogar inspiriert fühlen!

Ich weiß um meine Gabe, mit der geistigen Welt in direktem Kontakt zu stehen und bin von Herzen froh und dankbar für dieses Geschenk. Natürlich macht einem die Kraft auch manchmal etwas Angst, doch kann ich nur immer wieder sagen, dass wir allzeit „von oben" beschützt und geführt werden.

Verlaufen können wir uns zwar, doch werden wir – wenn wir das wollen – auch immer wieder zurückgeführt auf unseren ureigenen Herzensweg. Unser Herz führt uns und unser Licht leuchtet uns den Weg dahin aus, wir müssen nur der Stimme unseres Herzens folgen und vertrauen.

Unglaublich für mich ist, dass ich es nicht nur binnen 12 Monaten geschafft habe mein Leben komplett zu ändern, denn ich habe außer meiner großen Liebe auch noch meinen Traumjob angezogen!

Ich habe mir schon immer einen Job gewünscht, der mir Spaß macht, mich fordert, den ich gut öffentlich erreiche, mit kompetenten Vorgesetzten, netten Kollegen, gutem Verdienst, tollen Arbeitszeiten, in dem ich meine Talente einsetzen kann und in dem meine Tattoos egal sind – und Ende November bekam ich tatsächlich genau diesen Traumjob!

Ich gehe 8 Min zu Fuß zum Bus und fahre dann 8 Min in die Arbeit, ich arbeite 30 Stunden (halbtags) und verdiene fast so viel wie beim Bund für Vollzeit, habe jeden Nachmittag frei, kann meiner Berufung nachgehen und als Energetikerin arbeiten, hab genug Zeit für meinen Freund und meine Familie + Katze,… Herz was willst du mehr!

Ich bin so dankbar und dermaßen davon überzeugt, dass ich das alles nur bekommen habe, weil ich so sehr daran geglaubt hab. Ich habe täglich, monatelang fokussiert, was ich mir in meiner Beziehung wünsche, wie mein Kontostand sein soll, wie mein Gefühl betreffend meines Jobs sein soll und habe wirklich ALLES ausnahmslos umgesetzt und angezogen.

Ich bin wieder Schöpfer meines Lebens und nicht mehr Opfer äußerer Umstände und anderer Menschen!

So sehr es einem manchmal auch schwerfallen mag sich seine Verantwortung einzugestehen, so beruhigend finde ich es jedoch auch zu wissen, dass man selbst für sich sorgen kann!

Man ist weder von anderen abhängig, noch muss man sich umsonst abmühen um das zu bekommen, was einem zusteht.

Jeder bekommt was er verdient, früher oder später ernten wir alle, was wir vorher ausgesät haben! Davon bin ich überzeugt, denn all unsere guten Taten ziehen mehr gute Dinge in unser Leben. Ebenso wie negative Gedanken und Taten noch mehr Negatives in unser Leben ziehen – es liegt an uns allein!

Ich bin beispielsweise ein Mensch, der viel zu viel nachdenkt. Das raubt mir nicht nur Energie, sondern macht mir auch mein Leben schwieriger als es ist. Am Abend vor der Abschlussprüfung meiner heurigen Ausbildung, war ich mehr als kratzbürstig meinem Freund gegenüber, was mir sehr leidtat, doch hatte ich einfach keinen Nerv mehr.

Ständig hatte ich Angst vor einem Blackout und so weiter… Ich wusste, was ich kann und dass ich eine gute Energetikerin bin, doch überkam mich die Angst immer wieder, sodass ich am Morgen der Prüfung ein Häufchen Elend war, da ich – trotz Einnahme von Globuli gegen Blackout und Prüfungsangst (gelber Jasmin) – immer nervöser wurde.

Jedoch bat ich meine himmlischen und irdischen Helfer (meine beste Freundin/Energetikerin) um Energie und tatsächlich wurde ich minutenspäter total relaxed, scherzte mit den Prüfern, arbeitete das Fallbeispiel binnen 5 Minuten aus, war total überzeugt von meiner Lösung und konnte auch die Prüfer von meinem Können überzeugen.

Ich stellte mich meiner Angst, was mich befreite! Denn das ganze Jahr über hatte ich Angst. Angst vor der Angst irgendwie, denn in meinem Leben gab es – außer in den Sekunden meines Autounfalles am Jahresanfang – keine reelle Gefahr!

Alles Hirngespinste! Ich wollte mich ja schon fast vor der Prüfung drücken und redete ich mir ein, dass ich diesen Stress nicht brauche, da ich nach einem doch sehr turbulenten Jahr erst Modulprüfung 2 hatte, dann meinen neuen Job Start hinlegte um in der Folgewoche auch noch die Abschlussprüfung zu absolvieren!

Meine Nerven lagen wirklich blank, da ich mir selbst immer einen sehr hohen Druck mache, weil ich weiß, was ich kann und wozu ich fähig bin, und dass ich mir letztendlich nur selber im Weg stehe mit diesem inneren Drang zur Perfektion.

Doch riet mir meine bF, dass ich mir überlegen solle, ob es nicht an der Zeit wäre, mich meinen Ängsten zu stellen und natürlich hatte sie Recht (danke liebe C.K. an dieser Stelle, du bist die BESTE!) und ich danke meinen Engeln dafür, dass ich auf meine innere Stimme gehört und die Prüfung gemeistert habe.

Nach diesem Jahr blicke ich auf mich mit neuen Augen, nämlich mit den Augen der Liebe. Ich habe so viel Wundervolles erleben dürfen und reifte in einer Art, die ich nie für möglich gehalten hatte. Ich werde immer stärker und komme ich immer mehr in meine Mitte und zu mir selbst (zurück).

Meine Seele sehnte sich so lange Zeit nach Verwirklichung und Ausdruck und dies gönne ich mir jetzt wieder. Mich leben, mich ausdrücken auf meine ganz eigene Art und Weise.

Sei es mit Gesang, mit Zeichnen oder eben mit Schreiben – ich lebe und liebe mich Seele von ganzem Herzen.

Ich kann dir nur immer wieder raten: Bitte höre auf dein Herz und darauf, was es dir sagen möchte. Es kennt dich und deinen Weg und selbst wenn du immer wieder deinen Weg aus den Augen verlierst, dein Herz ist dein Kompass und führt dich sicher ans Ziel.

Hast du Träume dann lebe sie! Wie auch immer und scheint es dir noch so klein und unbedeutend, lebe was in dir brennt!

Ich singe und spiele Gitarre auf meiner Couch nur für mich und doch erfüllt es mein Herz mit Kraft und Freude. Oder singe ich unter der Dusche oder beim Autofahren... Manchmal zeichne ich jedoch einfach oder male. Und wieder ein anderes Mal (am öftesten) schreibe ich mir meine Gefühle von der Seele und teile mich so dem Rest der Welt mit.

Seinen Gefühlen Ausdruck zu verleihen ist etwas ganz Existenzielles!

Wie auch immer du dies tust ist absolut irrelevant. Wichtig ist nur, dass du dies tust. Wenn nicht du, wer dann? Wer kann sonst dafür sorgen, dass deine Seele frei ist und sich freut?

Hast du seit deiner Kindheit einen Wunsch, der dir nie aus dem Sinn gegangen ist, dann setze ihn um! Sei wieder Kind und erfreu dich daran! Egal was es ist, wenn es dich schon dein ganzes Leben lang begleitet, dann ist dies sehr, sehr wichtig für dich wie auch für dein Seelenheil.

Wolltest du schon immer einen bestimmten Ort besuchen? Etwas bestimmtes tun? Einen bestimmten Job ausüben oder

199

eine Ausbildung machen? Denke bitte nie, dass es zu spät dafür ist oder du nicht genügend Geld dafür hast. Vertraue darauf, dass du – wenn du es dir wirklich von Herzen wünschst – die Unterstützung bekommst, die du dafür brauchst.

Glaub mir, ich weiß wovon ich rede! Die Ausbildung heuer konnte ich mir *eigentlich* nicht leisten, doch ohne Auto und auf Ratenzahlung wurde mir dies „von oben" ermöglicht! Warum? Weil ich es mir von ganzem Herzen wünschte und weil es extrem wichtig für meine Entwicklung war. Ohne diesen Kurs hätte ich mich sicher nicht mit Oktober selbstständig gemacht und wäre ich heute nicht an dem Platz in mir angekommen, wo ich jetzt bin.

Es gibt wirklich IMMER einen Weg! Bitte lass dir von niemandem etwas anderes einreden, höre nur darauf, was dein Herz dir sagt! Schei** auf dein Ego! Mache dir deinen Verstand zu deinem Freund und glaube daran! Übe dich im Fokussieren, im Träumen, im Meditieren und Manifestieren! Vertraue! Glaube! Liebe deinen Traum und gib somit den Startschuss an das Universum für die Umsetzung deines Traumes!

Mein Traum ist es als „Heilerin" (Unterstützerin) und Autorin zu arbeiten, um so vielen wie möglich auf ihrem Weg zu helfen und immer wieder über mich selbst hinauszuwachsen, dazuzulernen. Und ich weiß, dass ich schon vieles aus meinem Traum umgesetzt und realisiert habe.

Gut Ding will Weile haben und auch wenn mich viele für meine Träume auslachen, so ist mir dies egal, denn es erfreut MEIN Herz mit Freude und Liebe, wenn ich mich hin fühle wie es sein wird, wenn ich meine Träume realisiert habe!

Schon jetzt habe ich so viel erreicht in diesem Jahr, dass ich bereits meine Träume ausbaue und erweitere bzw. neue Ziele hinzufügen kann! Ich habe den richtigen Partner in mein Leben gezogen, meine Berufung lebe ich als Selbstständige aus und gehe meinem Traumteilzeitjob nach.

Ich arbeite gerne mit Affirmationen, Visualisierungen und Meditation. Zum Beispiel bastle ich mir selbst Bilder, die ich mit selbstkreierten Sprüchen und Fotos von den Dingen, die ich mir wünsche verziere und klebe diese auf die Innenseite meines Kleiderkastens, den ich täglich öffne und nimm mir immer wieder die Zeit, mir meine Bilder anzusehen, mich hinzufühlen und diese zu visualisieren.

2014 konnte ich mein Inneres reinigen und rebooten und auch mein Außen wieder an meine wirklichen Bedürfnisse und Wünsche anpassen. Jetzt kann ich guten Gewissens und mit offenem Herzen das neue Jahr begrüßen und freue mich schon jetzt auf eine Zeit der Ruhe und Heimkehr in mein Inneres.

31. Selbsterkenntnis

Wenn sich neue Wege aufzeigen, macht uns das oftmals Angst. Erst träumen wir von den erwünschten Veränderungen, dann offenbaren sie sich uns Schritt für Schritt und auf einmal bemerken wir, dass wir unsere Komfortzone immer weiter verlassen „müssen" (wohl eher dürfen), um das Neue Willkommen zu heißen und dankbar anzunehmen.

Natürlich ängstigt uns das Neue! Das Alte bereits überholte passt nicht mehr zu uns – wir entwickeln uns ja ständig weiter, auch wenn manche Situationen immer wieder in unser Leben einkehren, bis wir bereit sind, sie zu lösen. Doch prinzipiell ist das ganze Leben eine ständige Veränderung.

Kein Tag gleicht dem anderen und kein Moment kehrt jemals wieder! Darum denke ich, dass es sehr wichtig ist, jeden Moment bewusst zu erleben bzw. auch unsere Träume und die vielen kleinen Zeichen aufmerksam zu beobachten und versuchen, diese mit Hilfe unseres Herzens zu deuten.

Was will mir das sagen? Ist es Zeit, diese Situation zu verlassen und neue Wege zu beschreiten? Habe ich alles versucht und gegeben und kann die Situation nicht mehr ändern und darf sie darum ruhigen Gewissens loslassen? Darf ich mich nun endlich selbst leben egal ob andere dies als Arroganz oder Egoismus bezeichnen?

JA, du DARFST!

Genau darum geht es ja schließlich im Leben! Sich selbst und seine wahre Natur entdecken und dann ausleben und andere daran teilhaben lassen. Menschen kommen und gehen, das ist der Kreislauf des Lebens! Doch jeder Mensch kann uns etwas lehren und liegt es an uns, dies zu erkennen und zu nutzen.

Zieht man beispielsweise immer wieder gleiche Typen als Partner an, gibt es wohl ein Thema in uns, welches nach Heilung verlangt. Ob uns dies gleich oder erst nach Jahren bewusst wird hängt ganz davon ab, wie aufmerksam wir durchs Leben gehen.

Reflektieren wir regelmäßig oder schreiben Tagebuch oder meditieren, werden uns ähnliche Situationen wohl eher bewusst, als wenn wir gedankenlos umher streifen in der Hoffnung, dass sich etwas ändert. Doch nun mal im Ernst: Erst wenn WIR etwas ändern, kann sich unser Leben ändern!

Sei es nun unsere Einstellung in Bezug auf unsere aktuelle Situation oder aber unsere Einstellung zu uns selbst. Lieben und leben wir uns so, wie wir wirklich sind? Oder verstecken wir uns immer noch hinter ein paar letzten Masken aus Angst. dass wir zu viel Macht über uns selbst erlangen?

Die meisten von uns wurden wohl so erzogen, dass der „Klügere nachgeben soll", „Eigenlob stinkt" und so weiter, doch wieso dürfen wir uns nicht selbst verteidigen und sollen immer nachgeben? Warum dürfen wir unsere wahre Natur und innere Stärke nicht liebevoll für uns selbst einsetzen? Ist das denn falsch?

Ich denke nicht!

Es sollte eines unserer Lebensziele sein unsere wahre Natur zu entdecken und auszuleben, um sie mit anderen zu teilen und vielleicht so zum Vorbild für andere werden, es uns gleich zu tun. Es gibt nichts Befreienderes und Schöneres, als so zu sein wie man ist und das zu tun, was uns am meisten am Herzen liegt.

Ich denke, dass wenn jeder das machen würde, was er wirklich von ganzem Herzen will, er eine Bereicherung für eine neue, schönere Welt ist. Eine Welt voll Liebe, Akzeptanz, Toleranz und Freude. Leichtigkeit wäre einer unserer Grundsätze.

Wer sagt uns denn, dass immer alles nur mühevoll und schwer sein muss? Wieso darf das Leben uns nicht reich beschenken und wir im Gegenzug dankbar die Welt mit unseren Talenten beschenken?

Glück und Erfolg sind eine innere Einstellung. Glaube ich an mich? Bin ich davon ehrlich überzeugt, dass ich es schaffen kann?

Wenn du beides aus vollstem Herzen mit JA beantworten kannst, gratuliere dir – dann bist du auf dem gleichen Stand wie ich jetzt.

Dein Herz hat bereits die Führung in deinem Leben übernommen und hilft dir nun Schritt für Schritt deine Träume zu verwirklichen und umzusetzen.

Wenn du momentan noch in einem Leben bist, das noch nicht ganz deinen Wünschen und Vorstellungen entspricht, dann zweifle nicht an dir und hadere bitte nicht mit dem Schicksal. Schei** auf die Opferrolle und ändere einfach deine Sichtweise! Erkenne dich wieder als Schöpfer!

Hast du zB einen Job, der dich nicht erfüllt, dann sei dankbar für deine Arbeitsstelle und mache dir bewusst, dass du diesen jederzeit wechseln kannst, er dir aber die Freiheit gibt, dich zu versorgen mit dem, was du zum Leben und für deinen Lebensstandard brauchst. Du kannst mit deinem Gehalt dein Essen, deine Miete und so weiter begleichen und bist nicht gezwungen auf ewig in der gleichen Situation zu verharren.

Hast du zB einen Traum und spürst von ganzem Herzen, dass du diesen realisieren möchtest und sagt dein Herz dir, dass du dies auch kannst, dann glaube daran! Öffne dich neuen Möglichkeiten und setze Handlungen in deine Richtung!

Möchtest du Singen, nimm ein Video auf und versuche es auf YouTube. Willst du Schreiben, beginne einen Blog oder eine Website. Willst du Tanzen, besuche einen Kurs. Was immer du auch tun willst, sei dir sicher, dass du es auch tatsächlich tun kannst und darfst!

Jetzt ist deine Zeit gekommen dich zu entfalten und schön langsam der Öffentlichkeit zu präsentieren als die/der, die/der du tatsächlich bist. Die Welt hat nur auf dich gewartet, weil du einen wichtigen Teil zum großen Ganzen beitragen kannst – auf deine ganz eigene Art und Weise.

Egal ob du Hausfrau und Vollzeit Mama/Papa bist, oder eine Verkäuferin/ein Verkäufer – DU bist wichtig! Und dass du jetzt genau hier bist, ist kein Zufall, sondern Schicksal! Ja, du selbst hast dir dieses Leben ausgesucht und lebst es nach deinen Vorstellungen. Den einzigen Zwängen denen du unterliegst, sind deine eigenen.

Dein Selbstvertrauen, deine vermeintlichen Schwächen und Fehler und so weiter. Das alles bist DU und DU bist wundervoll, perfekt und vollkommen – so wie du in diesem Augenblick bist – vergiss das bitte niemals! Die Welt braucht DICH!

Wenn dir etwas fehlt im außen, versuche nach innen zu gehen und gib dir dann selbst was du dir so sehr ersehnst. Fühlst du dich zu wenig geliebt, umarme dich, schließe die Augen und sage dir liebe Worte, die dir in den Sinn kommen.

Lobe dich, liebe dich und vor allem lebe dich!

Was nützt es dir, wenn du dein ganzes Leben lang in allen Bereichen nur vorgibst jemand zu sein, der du gar nicht bist? Lieben oder mögen andere dich nicht dann nur für deine Fassade, nicht aber für deinen wahren wundervollen Kern?

Möchtest du nicht selbst dich von allen Fesseln befreien und dein Leben so leben, dass es sich richtig und erfüllend anfühlt für dich? Ist das nicht erstrebenswert?

Wie auch immer du dich entscheidest, tu es von ganzem Herzen!

Frage dich und fühle dann in dich hinein, ob es sich gut und schön anfühlt, oder beengend und beängstigend. Ein bisschen Angst wie gesagt ist ganz normal und natürlich. Doch höre dabei nicht auf dein Ego! Es mag keine Veränderungen und schon gar nicht mag es wahre Liebe leben – da könnte es ja zerstört oder verletzt werden. Doch du kannst nur wahrlich lieben, wenn du bereit bist dich ganz zu öffnen und deine Masken abzulegen!

Wenn du Liebe willst, gib Liebe und fang gleich bei dir selbst an. Falls du wie ich Katzen hast, denkst du wirklich, dass diese dich nach deinem Outfit oder deiner nach außen sichtbaren Maske beurteilen? Glaubst du denn nicht, dass sie dich so lieben wie du bist? Ungeschminkt, unfrisiert, unrasiert doch liebenswert und ehrlich?

Frage dich einfach wer du wirklich sein willst und wessen Leben du leben willst – und dann, handle…

32. Sich selbst erkennen

In allem was wir in unserem Leben tun, können wir unsere wahren Absichten erkennen. Läuft etwas ganz anderes als geplant, kann es daran liegen, dass unser Kopf zwar die Entscheidung getroffen hat, unserem Herzen jedoch anderes im Sinn liegt.

Wenn du dich zB in einer Situation befindest, die dir immer wieder die Kraft raubt und dich mehr erschöpft denn auftankt, dann könnte es sein, dass du deinem Herzen zuwiderhandelst. Es wünscht sich, dass du dich entfaltest, deine Träume lebst – dein wahres Selbst lebst. Doch was ist eigentlich dieses berühmt berüchtigte „wahre Selbst"?

Ich glaube, dass dies unsere Seele ist, unser innewohnendes Potenzial, unsere Berufung. Dies alles zu finden oder besser gesagt wieder zu entdecken und uns wieder an unseren wahren Ursprung ist nicht so einfach, doch ist es auf jeden Fall nötig, um ein glückliches Leben zu führen, wonach wir uns so sehr sehnen.

Der Weg dorthin mag uns oft schwer und unnötig vorkommen, doch sagt meine Erfahrung mir, dass alles, wirklich ALLES nötig ist, um genau das zu erreichen, wonach unser Herz sich so sehr sehnt. Wir treffen jeden Tag viele Entscheidungen, bewusst oder unbewusst und doch treffen wir sie.

Wir denken und grübeln und erschaffen uns durch diese Kraft unser Leben. Ist unser Leben nicht so wie wir es uns vorstellen, handeln wir zu unbewusst/entscheiden wir zu unbewusst.

Wollen wir etwas ändern, müssen wir uns von ganzem Herzen dafür entscheiden und uns dann wieder dem Neuen öffnen – ohne Angst, was immer wieder schwierig ist, weil die Allgemeinheit sagt, dass Veränderungen selten gut sind. Doch wieder ist es mein Herz, das mir sagt, dass Veränderungen immer nötig und ganz natürlich sind und hat mir mein ganzes Leben gezeigt, dass ich keine Entscheidung, die ich wirklich ganz bewusst getroffen habe, falsch war!

Sie hat mich vielleicht in eine andere Richtung getragen, als ich ursprünglich dachte, doch hat sie mich auch immer mehr zu mir zurückgetragen, wofür ich sehr dankbar bin. Ihr könnt euch gar nicht vorstellen bei wie vielen Entscheidungen ich nie zweifelte, mein Umfeld jedoch mich gerade zu fertig machte mit negativem Vorreden, was nicht alles schiefgehen könnte…

Doch wisst ihr, was passiert ist?

Genau – mein Leben hat sich zum Positiven und Besseren für mich gewendet und habe ich keine Entscheidung bereut, sondern bin heute noch dankbar, dass ich den Mut und das Durchhaltevermögen aufbringen konnte, diesen meinen Weg zu gehen.

Die Frage, die wir uns immer wieder stellen sollten, ist: Lebe ich mich wirklich? Oder lebe ich nur die Version, die andere von mir gerne hätten?

Ich hatte alles: Eine Beziehung, ein Haus mit Garten, ein Auto, einen sicheren Job. Und was noch? Übergewicht, Rheuma, Allergien, Depressionen, Energielosigkeit. Warum? Weil ich zwar „alles" hatte, jedoch nicht glücklich war damit!

Die Beziehung war ihrem Ende geweiht, das Haus mit Garten war zwar toll, jedoch noch nicht das Richtige für mich, ein Auto zu haben ist großartig, doch nicht zwingend notwendig und der sichere Job hatte meine Reserven aufgefressen, weshalb ich an Gewicht zunahm – um den Schutzschild aufrecht erhalten zu können.

Man muss der Wahrheit ins Gesicht schauen und sich trauen sein Leben ehrlich und mit ganzem Herzen anzusehen, um sich ehrlich antworten zu können, ob man glücklich ist, oder eben nicht.

Ich kann euch nur sagen, dass ich in meinem Leben wirklich schon mehrmals neu gestartet hab – auch wenn ich mit Ende zwanzig noch jung bin, sagt das nichts über meine wahre Lebenserfahrung aus – und jedes Mal ist mein Leben besser geworden!

Und bitte urteile NIE über jemand anderen, denn du weißt nie, was dieser schon alles durchgemacht hat, was dazu geführt hat, dass dieser jetzt so ist wie er ist! Die einen tragen ihre Masken ein Leben lang anstatt in Selbstliebe und Akzeptanz mit sich und der Welt zu sein. Sie machen sich selbst das Leben schwer, weil sie nur im Außen nach dem Grund suchen anstatt in sich zu gehen und nach ihrer eigenen Wahrheit, ihrem wahren Selbst zu suchen.

Wir verlaufen uns immer wieder in der Annahme die Situation gerade hat nichts mit uns zu tun, wir können nichts dafür, sind nur willkürliche Opfer. Doch die Wahrheit meine Lieben sieht anders aus. Wie gesagt liegt es an UNS unser Leben bewusst zu leben und dementsprechend zu handeln.

Es liegt in der Natur des Menschen, dass wir entweder kämpfen oder flüchten wollen, doch liegt es an uns zu entscheiden, wann wir uns zurückziehen oder „auf die Beine" stellen sollen, um zu handeln.

Kennst du das Gefühl alles hinschmeißen und weglaufen zu wollen? Egal wohin, Hauptsache weg? Ich auch! Doch darf ich mich gesegnet nennen Menschen in meinem Umfeld zu haben, die dies nicht „dulden". Oftmals auf geradezu energische Art und Weise, werde ich immer wieder zu meinem Glück „gezwungen", doch muss ich ehrlich sagen: Manchmal braucht man einen Tritt in den Hintern, um aus seiner Komfortzone auszubrechen.

Es macht nicht immer Sinn seine Zelte voreilig abbrechen und weiterziehen zu wollen. Manchmal ist unsere gemeinsame Zeit oder Aufgabe vorüber, manchmal aber geht diese noch weiter – doch liegt es wieder an uns zu erkennen, wenn dem so ist.

Ich persönlich bin ein Mensch, der sehr kopflastig ist, jedoch habe ich eine extrem gut ausgeprägte Intuition, auf die ich mich wirklich verlassen kann und tu ich dies nicht, ärgere ich mich immer wieder über mich selbst, doch auch das gehört zum Lernen dazu ;)

Vertrauen in sich selbst und vor allem der Glaube an uns selbst ist das, was uns wirklich erfüllt und alles möglich macht.

Bitte verliere nie den Glauben an dich, denn du bist so wunderbar und liebenswert und perfekt sowie einzigartig auf diesem Planeten! Jeder von uns hat etwas mitgebracht, was wichtig ist jetzt in dieser Lebenszeit. Sei es, dass du

Mutter/Vater bist, ein Autor/eine Autorin, eine Sängerin/ein Sänger, ein Lehrer/eine Lehrerin, ein Arbeiter/eine Arbeiterin, ein Angestellter/eine Angestellte – ganz egal was – DU bist wichtig, sonst wärst du nicht hier.

Vergiss nicht, dass wir alle miteinander verbunden und ein Teil vom großen Ganzen sind! Das kann ich gar nicht oft genug erwähnen, weil es wirklich wichtig ist, dass wir uns wieder daran erinnern, dass wir alle eins und verbunden sind. Wir erschaffen, wir zerstören – wofür wir uns entscheiden, liegt wieder nur bei uns! Wir dürfen - wie immer - frei wählen.

Wenn du dir dein Leben als dein Spiegelbild vorstellst, kannst du dich dann selbst darin erkennen? Oder siehst du vielleicht deine Eltern, deren Wünsche du erfüllst, aber nicht deine eigenen? Oder vielleicht deinen längst vergangenen Traum, der gar nicht mehr zu deinem jetzigen Ich passt?

Versuche dir Zeit für dich zu nehmen und darüber zu meditieren, was du wirklich möchtest und wer du wirklich bist. Du bist nicht dein Job, dein Auto, deine Versicherung, dein Zuhause – du bist eine unendliche Seele verbunden mit dem großen Ganzen und der göttlichen Schöpfung.

Du bist ein Teil des Universums und trägst du dessen Größe und Weisheit in dir und kannst diese Kraft auch nutzen – in Liebe und Weisheit und zum Wohle der Allgemeinheit.

Vielleicht bist du in einer Position, die dir „Macht" verleiht und in der du Menschen und Dinge beeinflussen kannst. Ist dies der Fall, nutze diese Möglichkeit bitte aus der Kraft deines Herzens heraus und nicht aus Macht- oder Profitgier.

Die Vergangenheit wie auch die Gegenwart zeigen uns sehr deutlich wohin Machtmissbrauch uns führt: Krieg, Zerstörung, Vergewaltigung, Völkermord, Kindesmissbrauch, Krankheit aus dem Reagenzglas uvm.

Wenn das ganze Geld, das für Waffen und deren Forschung ausgegeben werden in Nahrung, Lebensmittel und Medizin sowie Aufklärung für die Weltbevölkerung genutzt würden, würde die Welt wohl etwas anders aussehen. Doch gebe ich die Hoffnung und den Glauben ans Gute niemals auf!

Ich glaube daran, dass ALLES möglich ist, wenn man ganz fest daran glaubt und dies in bester Absicht – zum Wohle aller – tut. Eigennutz tut selten gut und hilft niemandem außer uns selbst. Ist dies nicht fad und traurig?

Natürlich wünscht sich jeder einen gewissen Lebensstandard (ein Zuhause, genug zu essen, anzuziehen, Gesundheit…), doch wäre es nicht großartig, wenn JEDER genug zum Leben hätte?

Keine Wirtschafts- oder Kriegsflüchtlinge mehr, keine Armut, kein Krieg, einfach nur ein gemeinsames Dasein im Sinne von Leben und leben lassen. Nenn mich ruhig utopisch, doch ich fände diese Welt sehr schön. Eine Welt voll Liebe und Mitgefühl und Fülle.

Das hätte doch was? ;)

33. Einen Schlussstrich ziehen

Ich möchte dich motivieren es mir gleich zu tun und aufhören darüber nachzudenken, was der „Rest der Welt" für richtig oder falsch hält und damit zu beginnen darüber nachzudenken, was DU für richtig und wahr hältst. Empfindest du etwas ungerecht, dann äußere dich wie auch immer (natürlich mit Respekt und Achtung) darüber. Vertrete deine Meinung und stehe zu dir.

Mit so kleinen Schritten gewinnst du immer mehr an Selbstvertrauen und vor allem Selbstbewusstsein, denn du wirst dir wieder deiner inneren Stimme bewusst und lernst wieder auf sie zu vertrauen – auf DICH zu vertrauen!

Viel zu oft lassen wir uns fremdbestimmen, was bei der Wahl unserer Ausbildung, unseres Äußeren (Modetrends etc.), vielleicht sogar unseres Partners (arrangierte Ehen) anfängt und bis in die Unendlichkeit weitergeht.

Natürlich kann man nicht immer so einfach das tun, was einem beliebt und im Sinn steht. Wir sind viele Völker auf dieser Erde, leben in und stammen aus den unterschiedlichsten Kulturkreisen und sind alle anders erzogen wurden, da unsere Eltern uns nach bestem Wissen und Gewissen großgezogen haben (oder bei wem wir auch immer aufwuchsen).

Wir sind einzigartig und allein auf weiter Flur und doch sind wir alle wie Gummibärchen in einem Säckchen bunt zusammengewürfelt und verstehe ich oftmals nicht, warum das unbedingt etwas Schlechtes sein „muss", denn wenn jeder sich und seinen Nächsten respektiert und mit Achtung behandelt, kann ein wundervolles Miteinander ermöglicht werden.

Doch Zwang, Egoismus, Fanatismus zerstören diese wunderbare Möglichkeit des voneinander Lernens.

Ich bewundere die Naturvölker, die heute noch nach zehntausend Jahren und mehr noch genauso friedvoll und im Einklang mit der Natur leben, wie ihre Vorfahren. Sie lernten das Miteinander zu schätzen und wie man respektvoll mit den natürlichen Ressourcen umgeht. Sie töten nicht aus Lust und Laune oder wegen einer Trophäe, sondern nehmen sich nur so viel, wie sie tatsächlich zum Leben brauchen.

Sie achten einander und leben ihr ganzes Leben im Familienverband, was für unsere Breitengrade teilweise unvorstellbar ist, da wir oft nicht nur in verschiedenen Städten , sondern manchmal auch verschiedenen Kontinenten leben – selbst meine Familie lebte teilweise in vier verschiedenen Bundesländern aufgesplittet!

Doch was unterscheidet diese Menschen von uns „Zivilisierten"?

Ich glaube, ihre Bescheidenheit und ihr Bewusstsein für einander. Ihr Wissen, ihre Dankbarkeit, ihr Glaube – all dies sind Dinge, die in unserem hektischen Leben leider Großteils verloren gingen. All die Weisheiten – sei es um einfachste Hausmittel bei Krankheiten oder um tolle Rezepte aus ganz wenigen Zutaten oder aber einfach unsere eigenen Familiengeschichten – diese doch so wichtigen Hinterlassenschaften gehen bei uns mehr und mehr verloren, was ich schade finde.

Doch wieder liegt es in unserer Hand, was WIR daraus machen!

WIR können für uns selbst entscheiden auszusteigen aus dem schnelllebigen Wahnsinn, der sich modernes Leben nennt und uns wieder auf das Wesentliche besinnen: Glück, Gesundheit, Familie, uns selbst!

Wie wir unser Leben leben, kann uns niemand 100%ig vorschreiben, immer haben wir unser mächtigstes Werkzeug: Unseren freien Willen. Wenn wir unseren Geist wieder benutzen, ihn schulen und uns selbst hegen und pflegen, dann eröffnen wir uns damit selbst neue Möglichkeiten!

Wir haben es in der Hand zB unsere Kinder zu bewussten und liebevollen Menschen zu erziehen, ihnen beizubringen, wie wertvoll jedes einzelne Lebewesen ist und wie wichtig und stärkend familiärer Zusammenhalt ist.

Ich verstehe die Menschen nicht, die sich für ein Kind/eine Familie entscheiden und die Kinder dann von anderen großziehen lassen. Ein Kind ist doch bitte kein Statussymbol, es ist unser Samen, der selbst zu einer reifen, wunderschönen Pflanze heranwächst, wenn wir ihm das „richtige" Werkzeug mitgeben, um gedeihen und sich entfalten zu können.

Lasst uns mit dem Schein brechen und aufhören jemand zu sein, der wir in Wahrheit gar nicht sind. Wir sind alle perfekt so wie wir sind – auch ohne Make Up und High Heels, ohne Beauty-OPs, mit zu viel oder zu wenig auf den Rippen, groß oder klein, jung oder alt… Wir alle sind perfekte Kinder Gottes – egal was andere (Medien, Socialmedia, etc.) dazu sagen oder davon halten mögen, wir sind es!

Wenn ich an meine Kindheit zurückdenke, erinnere ich mich an viele Stunden draußen im Freien, egal ob im Wald oder im Garten, an Sachbücher, die ich durchgeblättert hab, an meine Freundinnen mit denen ich gespielt habe, an die Geschichten, die ich geschrieben hab (nicht nur in Schule wenn ich musste *gg*), an die vielen Ausflüge mit meiner Familie…

Wir hatten nicht viel und doch hatte ich alles, was das Leben für mich lebenswert macht: Liebe und Zeit für einander.

Ich verlor meinen Vater zwar sehr früh, doch bin ich dankbar, dass ich auch heute noch so guten Kontakt zu meiner Mutter und meinen drei Geschwistern hab. Auch wenn wir weiter voneinander weg wohnen, so weiß jeder von uns, dass wir als Familie für einander da sind und zusammenhalten, komme was wolle.

Es wäre wundervoll, wenn es in vielen Familien so wäre – ich weiß, dass es in vielen nicht so ist, doch haben wieder WIR die Möglichkeit neue Maßstäbe zu setzen und Veränderungen einzuführen, die eine Besserung bewirken können.

Lasst uns einen Schlussstrich ziehen mit all dem, was heutzutage so wichtig geworden ist und die wahren Werte verdrängt hat: Lasst uns weniger im Internet surfen, weniger Facebooken und Googlen, weniger Nachrichten hören und lesen und wieder mehr Gutes in die Welt bringen. Lasst uns Zeit für uns haben, um Kraft zu tanken und unser Leben immer wieder neu zu gestalten, lasst uns Zeit für unsere Familie und Freunde haben, um miteinander neue Geschichten zu erleben, von denen noch unsere Urenkel erfahren werden, lasst uns in die Natur hinausgehen und das wahre Leben draußen erkennen und wieder bewusst erleben.

Die Natur ist unsere stärkste Kraftquelle – aus ihr entspringt alles Leben, daher sollten wir sie wieder mit mehr Respekt behandeln.

Lasst uns wieder frisch und gemeinsam kochen und essen, vorbei mit Fertigfraß aus der Dose oder dem Päckchen und her mit dem frischen Gemüse vom Bauernmarkt oder auch nachhaltigem Fleisch vom Fleischer (nichts gegen Veganer oder Vegetarier, jeder soll leben wie er möchte und anderen es ihnen gleich tun lassen).

Es ist egal wie viele Likes du für dein neuestes Posting bekommst – stell dir vor, du gehst spazieren oder wartest an einer Bushaltestelle und jemand wildfremdes lächelt oder zwinkert dir herzlich zu –was fühlt sich deiner Meinung nach besser an?

Lasst uns damit aufhören Menschen zu verurteilen, die Hilfe suchen – wir können nicht alle in einen Topf schmeißen! Denkt doch an die „eigenen Leute" – wie viele gibt es hier wie dort, die für Nichtstun viel bekommen wollen? Jeder hat sein Päckchen zu tragen, das ist gewiss. Die Frage ist, was DU mit deinem Päckchen machst?

Kehrst du vor deiner eigenen Türe, oder urteilst du ständig nur über andere und verurteilst damit eigentlich nur dich selbst? Bist du Vorbild für andere durch dein eigenes Vorleben, oder meckerst du nur über dieses und jenes? Kannst du jeden Tag in den Spiegel sehen abends und sagen: Ja, ich habe meinen heutigen Tag genutzt und Gutes getan und mein Leben bewusst gelebt?

Ich mache niemandem einen Vorwurf, wenn dem nicht so ist. Niemand ist „perfekt" im Sinne von „perfekt", doch eben jeder auf seine Art und Weise. Das Schöne ist, dass unsere himmlischen Helfer uns genauso sehen können und uns – wenn wir das wollen und uns dafür öffnen – helfen, dass auch wir uns nach und nach durch die Augen der Liebe sehen können, wie sie es tun.

Wichtig im Leben ist meiner Meinung nach nicht mein Kontostand oder mein Gehalt, sondern was ich damit anfange. Renne ich einem materiellen Leben hinterher, oder begnüge ich mich mit Weniger und mache das Beste draus?

Ich habe inzwischen drei Jobs als Halbtagskraft im Büro, geringfügige Energetikerin und nun (meinen Traumjob) als freiberufliche Autorin und soll ich dir was verraten? Ich verdiene weniger damit als die meisten, doch macht mich das deswegen nicht weniger glücklich!

Derzeit lebe ich in einer m² Wohnung ohne Balkon (dafür gottseidank mit Lift *gg*), habe seit über 1,5 Jahren kein Auto mehr, gehe viel zu Fuß oder fahre öffentlich, fahre nicht jedes Jahr auf Urlaub und trotzdem bin ich zufrieden.

Natürlich wünsche auch ich mir (wieder) ein Haus mit Garten, aber keine Protzvilla, sondern mit genügend Platz, um mich zu entfalten und vor allem mit einem schönen Garten, da ich es LIEBE mich frei in der Natur bewegen zu können. Ich liebe es im Gras zu liegen und die Sterne zu beobachten, meinen Tieren beim Spielen zuzusehen, den Sonnenauf- oder –untergang mitzuerleben, eigenes Gemüse anzubauen und ihm beim Wachsen zuzusehen bevor man es ernten und essen kann, Blumen zu pflanzen und erblühen zu sehen... Ja, ich liebe einfach die Natur und gibt es für mich nichts Schöneres – wie in meiner Kindheit – im eigenen grünen Fleckchen Erde zu leben.

Doch jeder hat einen anderen Traum, was auch gut so ist! Doch keine Sorge, es ist sowieso genug für alle da! Mangel existiert nur in unseren Gedanken, genauso wie Angst. Du glaubst mir nicht? Überleg mal nur so zum Spaß, wie es wäre, wenn NIEMAND mehr denken würde: „Oh mein Gott, wir haben zu wenig …", sondern stattdessen: „Es ist so toll, dass für uns alle genug da ist". Spürst du den Unterschied?

Stell dir vor wie es wäre, wenn Neid und Eifersucht in Freude und Mitgefühl für den anderen wechseln würden. Anstatt unserer Freundin den Traummann zu neiden, könnten wir uns von ganzem Herzen mit ihr freuen und durch dieses Gefühl von ehrlicher Liebe selbst unseren Mr. Right anziehen, wäre das nicht toll? Und soll ich dir noch was verraten? Dies wäre nicht toll, sondern IST es toll, denn so einfach wie es auch klingen mag, so einfach ist es auch dies anzuziehen, was wir uns wünschen.

Egal ob unseren Traumjob, unseren Traumpartner, unser Traumhaus, unseren Traumkontostand, was auch immer – es IST jetzt möglich, wenn du ganz fest und von ganzen Herzen daran glaubst.

Zweifel erzeugen eine niedrige Energie und ziehen dich im wahrsten Sinne des Wortes runter, du ziehst dich damit selbst runter (zB Sorgen, Ängste etc.). Denk daran, warum depressive Menschen depressiv sind: Weil sie ständig grübeln und sich über alles Sorgen machen und so ihre Leichtigkeit und Freude verlieren und sich im Nebel verlaufen…

Doch wenn du langsam, Schritt für Schritt anfängst umzudenken und dir kleine Etappen setzt, dann ist ALLES möglich! Glaube bitte immer an dich und an die Erfüllung deines

Herzenswunsches! Ruf dir wieder dein Traumerfüllungsbild herbei und erlebe es mit jeder Faser deines Herzens, spüre es, fühle deine Freude – immer und immer und immer wieder, bis sich die Gewissheit einstellt, dass dein Traum jetzt gerade wahr wird, weil „die da oben" gerade an deiner Wunschzustellung für dich arbeiten.

Dann lass los, im Vertrauen, dass alles jetzt gut ist, so wie es ist und es einen Grund gibt, warum alles jetzt gerade so ist. Lass los und freu dich jetzt schon darauf, wenn dein „Wunsch" plötzlich in Erfüllung geht.

Ich muss dir ehrlich sagen, dass ich mit viel Aufmerksamkeit immer wieder das Buch „The Secret" gelesen hab und seit meiner Reiki-Ausbildung 2008 mit positiven Affirmationen arbeite und egal wie oft mich meine Depression in phasenweisen Angriffen niederringt: Ich gebe nicht auf und kämpfe nicht dagegen an, sondern glaube an mich und die Erfüllung meiner Träume!

Ich weiß, dass ich gesegnet bin, und dass ich Gutes bewirken darf in der Welt, weil dies mein größter Wunsch ist Gott mit meinen Gaben und Talenten zu dienen, um mehr Licht und Liebe in die Welt zu bringen.

Sei es, wenn ich jemandem die Türe aufhalte oder einer lieben Freundin ein Kompliment mache, für meinen Freund koche, mit meinen Katzen stundenlang kuschle, ein Posting oder ein Buch schreibe, um Menschen zu unterhalten und vielleicht im Herzen zu berühren, wenn ich für mich selbst singe, weil mir danach ist…

Es gibt unzählige Möglichkeiten, wie wir etwas bewirken und dazu beitragen können, dass unsere Welt ein Ort der Liebe und des Mitgefühls ist. Dankbarkeit wird gelebt und wird gegeben ohne zu verlangen, es wird geliebt ohne zu erwarten und es wird gefeiert aus Freude am Dasein.

Jeder von uns kann etwas dafür tun, dass wir uns ein besseres Leben erschaffen!

Es sind keine großen Wunder oder Taten von Nöten, nur kleine liebevolle Gesten sind wie Steine, die man in das Wasser wirft und welche immer größere Wellen erzeugen. Das größte Geschenk, das DU der Welt machen kannst, ist, dich so zu lieben und zu leben wie du wirklich bist!

Achtest du gut auf dich und sorgst für dich und dein Wohlergehen, profitieren alle rund um dich herum davon! Durch Selbstliebe und Zeit für dich mit Reflexion und Annahme, öffnest du dich wieder deinem göttlichen Kern, deinem wahren Selbst und findest so in dir deine eigene Kraftquelle und kommst wieder in deine Mitte, deinen inneren Frieden.

Du wirst somit ein positives Beispiel für andere, ein Fels in der Brandung für deine Freunde in Not, ein Ruhepol für deine Familie, ein wertvoller Mitarbeiter an deinem Arbeitsplatz, ein Vorbild von Autorität für deine Angestellten und Arbeiter.... Die Liste kannst du selbst beliebig fortsetzen.

Sei du selbst ein Beispiel an Toleranz und Mitgefühl sowie Verantwortungsbewusstsein!

34. Die richtige Saat streuen

Frage dich nicht nur was du wirklich willst oder wer du wirklich bist, sondern bitte auch, was du in diesem Leben bewirken willst! Was kannst oder möchtest du tun, was soll deine Hinterlassenschaft für andere sein?

Unser Körper geht nach diesem Leben wieder an Mutter Erde über, unsere Seele lebt weiter oder geht ins Licht, doch was bleibt, sind unsere guten Taten, die wir vollbracht haben – unsere Saat, die wir gepflanzt haben und die im Laufe unseres Lebens wächst und gedeiht und auch nachdem unsere Seele diesen Körper verlässt weiterwächst.

Was könntest oder möchtest du tun, das in Erinnerung bleiben und weiterwachsen soll? Möchtest du etwas auf die Beine stellen/ein Projekt ins Leben rufen, das anderen hilft? Möchtest du eine Tierart beschützen oder Kinder und Menschen in Not unterstützen? Möchtest du einfach nur für dein Kind/deine Kinder da sein und sie gut umsorgen?

Was auch immer es ist, überleg lange und gut und entscheide dich dann ganz bewusst dafür, wie du das umsetzen möchtest. Wenn du Hilfe brauchst, bitte das Universum oder wen auch immer du anrufen möchtest um Unterstützung und Führung und sei dann wieder offen für neue Impulse und lasse deinen Wunsch los.

Achte bitte immer aufmerksam auf die vielen Zeichen, die die Antwort auf dein Bitten/deine Gebete sind! Ich finde inzwischen bis zu sechs auffällige Vogelfedern täglich auf meinen Wegen, was mich sehr freut und mir zeigt, wie wahrhaft geführt und geliebt ich von den Engeln werde – und dass nur, weil ich ihnen und mir vertraue!

Ob du an Engel, Gott oder wen auch immer glaubst, ist egal – wenn du auch „nur" an dich glaubst, ist auch das völlig genug! Ich sage niemandem was er machen soll, ich spreche immer nur von mir und meinem Leben/meinen Erfahrungen und was mir hilft, wenn ich nicht weiterweiß oder mir der Glaube an mich fehlt. Bitte prüfe und entscheide selbst, was für dich persönlich stimmig ist, und was nicht.

Mach deine Handlungen nicht von meinen Aussagen abhängig!!! Gehe immer in dich hinein und spüre dich hin, was für dich passt und was nicht. Glaube mir nur bitte: Es gibt IMMER einen Weg und neue Möglichkeiten ;) Das ist gewiss!

Mein persönliches Vermächtnis soll sein, dass ich nicht unzählige Postings und Bücher veröffentliche oder als Energetikerin viele Menschen und Tiere behandeln darf (was auch toll ist), doch wünsche ich mir nur dies: *Meine Botschaft ist, wenn* **ICH** *etwas schaffe, dann kannst* **DU** *das* **AUCH!**

Durch das Leben meines Lebens (klingt jetzt zwar komisch, aber ist doch so *gg*) möchte ich euch nur zeigen, dass alles möglich ist, wenn du daran glaubst! Ich musste – wie jeder andere oder zumindest viele andere auch – durch Krankheit, Verlust, Sucht, Trauer, Therapie, Sinnkrisen, Depression, Schmerzen, Wut, Verzweiflung gehen und muss ich immer noch und vermutlich immer wieder, doch der entscheidende Unterschied ist der, dass ich den Glauben ans Gute und meine Hoffnung NIE verloren habe (und wenn, dann nur für kurze Zeit, so ehrlich muss ich jetzt sein…).

Das heißt, egal wie schwer etwas war oder ist, den Glauben an sich selbst finden ist das Um und Auf, was letztendlich zum Erfolg führt, zur Erfüllung unserer Herzenswünsche!

Nachdem wir sowieso tagtäglich keine Ahnung wie viel zehntausende Gedanke denken (ich nenne das immer Hirnwichsen), können wir auch gleich positiv denken und uns diese Zeit zu Nutze zu machen, um etwas Gutes daraus zu erschaffen, was meinst du?

Wollen wir gemeinsam anfangen uns ein besseres Leben zu erschaffen, um viele dazu zu inspirieren es uns gleich zu tun? Die Entscheidung liegt bei dir – ich würde mich freuen!

Du kannst dir gar nicht vorstellen was ich alles er- und durchlebt hab in diesen gut 1,5 Jahren seit ich an diesem Buch geschrieben hab.

Höhen und Tiefen, Sinnkrisen und Depressionen, Freude
und Leichtigkeit, Liebe und Verzweiflung, Einsamkeit und
Gelassenheit... Die Bandbreite reicht von hier bis Unendlich
gg.

Zwischendurch wollte ich dieses Buch sogar schon löschen,
doch hielt mich (gottseidank) „irgendetwas" (mein höheres
Selbst) davon ab und heute bin ich heilfroh darüber, denn
durch mein Durchhaltevermögen, meine größte Leidenschaft
(das Schreiben selbst), ermögliche ich mir meinen Lebenstraum von meinem eigenen ersten Buch.

Ich schreibe ja schon seit meiner Kindheit, blogge seit einigen
Jahren und schreibe seit einiger Zeit auch auf Facebook doch
schon recht erfolgreich mit an die 900 Leser pro Posting (nicht
immer natürlich, aber immer wieder) und glaub mir, für mich
gibt es nichts Schöneres als ein ehrliches Kommentar, dass
meine geschriebenen (von Gott und den Engeln inspirierten
Botschaften und Worte) gerade jemanden Kraft gegeben haben, der zurzeit eine sehr schwierige Zeit der Ratlosigkeit
durchmacht.

DAS ist es, was meinem Leben Sinn gibt und mich von ganzem Herzen mit Freude erfüllt! Nicht mit Stolz, sondern mit
purer Liebe und Freude, dass ich eine Art „Sprachrohr = Medium" für „die da oben" sein darf, um anderen Menschen zu
sagen: Mein Lieber/Meine Liebe – du bist nicht allein, wir

sind alle bei dir und für dich da! Sieh und höre nur genau hin – rufe uns, wir stehen dir bei und helfen dir da raus.

Ist es nicht wunderbar und einfach himmlisch zu wissen, dass wir nie wirklich auf uns ganz allein gestellt sind?

Andere mögen vielleicht sagen: Du spinnst doch mit deinen Engeln/mit Gott usw. Doch wisst ihr was ich darauf sage? Ich lebe WUNDERBAR mit meinem Glauben an mich und meiner Spiritualität, denk was du willst, ich bin zufrieden und glücklich mit mir.

Und nur weil man an Engel glaubt, ist man kein Freak – es gibt schon manche, die übertreiben und dann leider den Boden unter den Füßen verlieren, weil sie nur mehr in höheren Sphären herumschweben (nein, ich meine nicht auf Drogen, sondern in geistigen höheren Ebenen) – darum ist es so wichtig – wie immer – auf das gesunde Maß zu achten!

Ich bete und meditiere täglich, versuche mir immer wieder Zeit in der freien Natur zu verschaffen, schreibe wenn mich „der Muserich küsst" und versuche meinen Alltag so gewöhnlich wie möglich auf außergewöhnliche (nämlich auf MEINE) Art und Weise zu leben.

Dein Leben ist, was du daraus machst und wenn DU ihm einen Sinn gibst, dann hat es auch einen Sinn!

Sei dir dessen wieder bewusst was für ein tolles und wertvolles Geschenk dein Leben für dich ist! Hadere nicht länger mit deinem Schicksal oder deinem Opferdasein! Klopf dir den Staub ab, vergangen ist vergangen und vorbei – lebe im Jetzt! Schließe jetzt in diesem Moment deine Augen, atme tief bis in den Bauch durch die Nase ein und deinen Mund aus und sage dir zB: Danke, dass ich jetzt beginne wirklich zu leben.

Spüre nach, wie sich das für dich anfühlt. Du kannst den Satz ändern, ergänzen, ganz wie du möchtest und wonach dein Herz verlangt. Hauptsache, du bist im Hier und Jetzt und dir deiner bewusst. Spüre mit geschlossenen Augen deinen Atem ein- und ausgehen. Fühle wie sich deine Zellen mit neuer Energie füllen und wie du dich Atemzug um Atemzug leichter fühlst.

Vielleicht lächelst du jetzt sogar, weil du inneren Frieden spüren kannst? Falls du nichts wahrnimmst, macht auch das nichts, denn nur weil du nicht gleich etwas bewusst spürst, heißt dies nicht, dass nicht deine Seele diesen Moment der Stille genießt und dein Herz zum Singen bringt.

Habe Geduld mit dir und deinem Prozess/deinem Weg – alles kommt zu dir zum rechten Zeitpunkt, das hat mich mein Leben bisher gelehrt. Umso mehr wir etwas wollen, umso länger lässt es auf sich warten. Wünsche, vertraue und lebe dich in dein Traumerfüllungsbild hinein – immer und immer wieder und spüre die positive Veränderung, die sich dadurch in deinem Leben Schritt für Schritt und in deinem Tempo entwickelt. Freue dich an deinem Dasein und genieße es, Lehrender und Lernender in deinem Leben für dich und andere zu sein.

Sei ein Quell der Freude und Liebe für dich und andere und zeig der Welt dein wunderschönes wahres Selbst ;) Begebe dich auf deinen Pfad der „Erleuchtung" – für mich ist mein Weg von der Leuchte zur Erleuchtung mein Lebensweg, der mir alle Erfahrungen bewusst macht, welche ich schon durchlebt habe und mir hilft, mich selbst zu finden, zu erkennen und zu leben.

Erleuchtung bedeutet für mich nichts anderes als bewusstes Leben in Dankbarkeit und Liebe und im Einklang mit allem was ist.

Danksagung

Als erstes möchte ich allen danken, die nie an mich und meinen Erfolg geglaubt haben, denn ihr habt mich wachsen und reifen lassen und mich in meinem Glauben an mich nur bestärkt! Ihr wart und seid meine größten Lehrer und dafür danke ich euch von tiefstem Herzen.

Außerdem möchte ich meiner Familie, meinem Partner, meinen Freunden und auch meinen Katzen danken, die mir meinen Raum und meine Zeit gelassen haben, um mein Herzensprojekt umzusetzen und zu realisieren.

Ich möchte vor allem meinen geistigen und irdischen Helfern in allen Formen danken: Meinen Mentoren und Lehrern, meinen Schutz- und Erzengeln, meinem inneren Kind und meinem Höheren Selbst, meiner Intuition, ja sogar mir selbst, dass ich den Glauben an mich immer wieder finde, egal wie schwierig und aussichtlos es im Moment auch scheinbar ist.

Durch mein ganzes Leben hindurch hat mich meine Spiritualität immer begleitet und ist sie ein wichtiger Bestandteil in meinem Leben, da sie mich ausmacht als Mensch, als fühlendes Wesen, als liebende Seele, als Kind der göttlichen Schöpfung, als hellsichtiges Engelsmedium, als spirituelle Autorin und Bloggerin, als Energetikerin.

Wenn ich auf meinen Weg zurückblicke, bin ich zufrieden, wie ich ihn gegangen bin. Ich bin dankbar für die vielen Lektionen, die mich so unendlich viel über mich gelehrt haben. Mein Repertoire an Erkenntnis und Weitsicht wächst täglich, was mir zeigt, wie wundervoll das Leben sein kann.

Es ist unglaublich wie weit man im Leben kommen kann, wenn man bewusster lebt. Wenn man sich seines Potenzials wieder bewusstwird und man dadurch die vielen Möglichkeiten erkennt, die sich einem wirklich täglich mehrfach eröffnen.

Wir haben das Zepter für unser Leben selbst in der Hand und liegt es an uns, das Beste daraus zu machen, was wir für möglich halten, denn nur darauf kommt es an: Glaubst du an dich und deinen Weg, kannst du jedes auch noch so unglaubliche Ziel erreichen. Alles, was du dafür brauchst, sind Liebe, Vertrauen und Geduld.

Im Anschluss möchte ich dich an meinem Werdegang und meinen Erfahrungen in Form einiger Postings aus meinen beiden Blogs „Mein Weg von der Leuchte zur Erleuchtung" und „Klingendes Herz" teilhaben lassen, wenn du Lust dazu hast.

Ansonsten möchte ich DIR lieber Leser/liebe Leserin von ganzem Herzen danken, dass du dir die Zeit genommen hast, meine Worte zu lesen und ich hoffe, dass ich dich durch die eine oder andere Botschaft von Herz zu Herz erreichen konnte, um dich wieder daran zu erinnern, wie wundervoll und einzigartig du bist.

Danke!

von Herz zu Herz

Sabine

Linz, im August 2015

„Mein Weg von der Leuchte zur Erleuchtung"

(https://wege-des-herzens.blogspot.com)

<u>*Loslassen...*</u>

... um frei zu sein.

Seit meinem Unfall steht mein ganzes Leben irgendwie Kopf. Viele Dinge, die ich jahrelang unterdrückt und ignoriert habe, kommen seit meinem Schockerlebnis täglich schubweise wieder ans Licht und wollen beachtet und verarbeitet werden. Das erfordert Mut und Geduld.

Mut zur eigenen Wahrheit (wo lebe ich meine Träume und Wünsche und was will ich dafür ändern) und Geduld mit sich selbst. Sich klar zu werden, was man wirklich will und wer man in Wirklichkeit im tiefsten Herzen ist, das kann einem schon Angst machen!

Was denken meine Familie/mein Partner/meine Freunde, wenn ich auf einmal völlig andere, neue und eigene Wege einschlage? Trau ich es mir selbst zu? Bin ich schon so weit? Was, wenn ich mich falsch entscheide? Was wird dann aus mir?

Fragen über Fragen!!! Andere um Rat bitten schadet nicht, doch unser Bauchgefühl entscheidet einzig und allein darüber was für uns richtig ist!

Gehe deinen Weg und empfange Wunder!

Ich habe durch den Unfall mein Auto "verloren" und wurde so dermaßen emotional durchgerüttelt, dass ich mir eine Auszeit nehmen und mein Leben überdenken MUSS, da ich durch Kleinigkeiten wie alleine einkaufen gehen usw. so gestresst werde, dass mein Körper

232

mich mittels aufsteigender Panik, Herzrasen, Atembeschwerden und Kreislaufproblemen niederstreckt und zur Ruhe zwingt. Selbst wenn ich zu viel grüble (und zweifle), bekomme ich Migräne und muss mich hinlegen um zu schlafen!

Durch diese längere Zwangspause wird mir nach und nach klar warum es mich tatsächlich aus der Bahn geschleudert hat: Viel zu lange unterdrückt man seine Emotionen, funktioniert nur mehr statt zu leben. Man arbeitet und arbeitet, stellt perfektionistische hohe Ansprüche an sich selbst, die man kaum erreichen kann, "über/durchlebt" 2 Reformen in 15 Monaten, was Angst, Stress und Unsicherheit sowie Ungewissheit für einen selbst bedeutet.

Man fühlt sich schon lange überfordert und steht dem Druck nicht mehr Stand, sondern knickt innerlich immer mehr und mehr zusammen und bemüht sich aber vehement nach außen Stärke zu zeigen, doch das fordert irgendwann seinen Tribut und noch ehe man sich versieht, wird man so ausgeknocked, dass man einen Gang zurückschalten muss, ob man will oder nicht...

Doch birgt jedes Problem auch die Lösung in sich!

Mir wurde klar, dass ich - da ich Städterin bin - nicht unbedingt ein Auto brauche, da man mit den Öffis günstig und umweltfreundlich fahren kann. Ebenso musste ich mir eingestehen, dass ich dem Druck meines neuen Postens nicht Stand halte, weshalb ich eine Stufe zurückgehe, um jemand anderem die Chance auf diese tolle Bewertung zu ermöglichen!

Materielle Dinge wie Prestige, Geld usw. waren mir persönlich noch nie sonderlich wichtig, jedoch nutze ich dankbar die sich mir bietenden Chancen und möchte dem natürlich gerecht werden nach bestem Wissen und Gewissen, doch wenn man es einfach nicht kann, ist es Zeit zu sich selbst zu stehen, die Karten auf den Tisch zu legen und gemeinsam nach einer für alle an der Situation Beteiligten geeigneten Lösung zu suchen, und glaubt mir: Es gibt IMMER einen Weg!!! Man muss nur daran glauben und ihn auch gehen!

Trifft man die Entscheidung aus vollstem Herzen, fällt sofort etwas Druck ab und man fühlt sich leichter, lebendiger und sogar ein bisschen stärker, da man durch Probleme und Lösungen zu Erkenntnissen über sich selbst gelangt, die einen reifen und über sich hinauswachsen lassen. Unsere irdischen wie geistigen Helfer stehen uns ja gsd IMMER mit Rat und Tat zur Seite und was einem zusätzlich hilft, ist der Glaube an wunderbare Lösungen.

Selbst wenn einen - wie in meinem Fall - Selbstzweifel und Ängste immer wieder aufs Neue zu zerfleischen drohen, so hilft uns unser Glaube durch jede noch so dunkle Stunde und auch die Gewissheit, dass man dankbar sein kann und gesegnet ist, wenn man so wundervolle und liebe Menschen um sich hat, wie ich: Einen Partner, der hinter einem steht, eine liebevolle Familie und wunderbare Freunde, die für mich da sind und mich auf meinem Weg begleiten -> ich danke euch meine Lieben, ihr seid mein Licht in dunklen Zeiten, wenn ich meines vergessen habe. DANKE <3

Sei dir bewusst, was du dir von Herzen wünschst und lebe deine Träume!

Mein größter Wunsch ist es eines Tages als Autorin zu arbeiten und anderen damit helfen zu dürfen und diesem meinem Herzenswunsch gehe ich Schritt für Schritt entgegen, indem ich Tagebuch schreibe oder Posts auf meinen beiden Blogs veröffentliche ;)

Weniger ist mehr! Lege deinen Fokus auf das Wesentliche und schei** auf Perfektionismus!!! Schreiben, Malen, Singen etc. ist Kunst - nur unser Herz entscheidet, was wir schön finden! Darum *lasst uns dem Ruf unseres klingenden Herzens folgen und die wahren Wunder erleben, die schon auf uns warten...*

Worte von Herz zu Herz...

Ich frage mich immer wieder, was "wahre Liebe" ist... Ist es die Liebe von einer Mutter zu ihrem Kind? Die Liebe, die man für sein Haustier empfindet? Wie kann man "lernen" bedingungslos zu lieben? Oder ist bedingungslose Liebe etwas, was uns widerfährt, wenn wir den/die Einen/Eine kennen lernen?

Man gibt nur allzu gern anderen die Schuld für seine Probleme. Die Ex-Partner, die einen schlecht behandelt haben, die Eltern, wie sie uns erzogen oder was sie uns vorgelebt haben etc., jedoch ist die einzige Wahrheit die, dass wir allein für unser Leben und unser Handeln verantwortlich sind! Alle Beziehungen, die wir im Laufe unseres Lebens eingegangen sind, sind wir freiwillig eingegangen, weil wir in diesem Moment empfunden haben, dass dies die richtige Entscheidung ist.

Mein größtes Problem dabei, ist mein "übermäßig dominanter Kopf", der mir immer wieder vorgaukelt, dass meine Entscheidung von Herzen käme, was aber rückblickend nur bedingt der Fall war... Immer wenn das Herz zögert, sollte man dies ernst nehmen, denn alles andere, redet uns unser Ego ein/will uns unser Verstand weismachen! Mir persönlich fällt es echt schwer, dies zu unterscheiden!

Trennungen kommen selten von heute auf morgen, sie bahnen sich an. Missstände erfüllen den leeren Raum in uns, der zwischen Herz und Verstand vorherrscht. Am schwersten in Beziehungen fällt es mir, auf mich zu achten. Ich gebe immer alles und vergesse dabei auf meine Bedürfnisse und vor allem auf meine Gefühle zu achten! Fühle ich mich wirklich angenommen/akzeptiert? Stören mich Dinge? Bin ich ich selbst? Trage ich noch eine Maske?

Im Endeffekt übersieht man die "Zeichen", die einem die Wahrheit aufzeigen nur zu gern, da uns unser Verstand einredet, dass doch

236

alles in bester Ordnung sei und man doch wahrlich keinen Grund habe, sich zu beschweren, nur was, wenn das Herz unglücklich ist? Was, wenn wir traurig sind und uns einsam fühlen in Stunden der Zweisamkeit? Was, wenn dieses "Nah Sein" und "Unnahbar Sein" ständig im Wechsel liegen, und man nicht weiß, wie man damit umgehen soll?

Fazit: Es liegt so gut wie nie an unserem Partner, wie es uns geht, denn für unser Glück sind nur wir selbst verantwortlich!!! Es liegt in unseren Händen, wie wir uns fühlen! Was wir dabei wohl am Ehesten übersehen, ist die Tatsache, dass uns unser Partner immer nur den Spiegel vorhält, wie es in uns selbst aussieht bzw. wie wir über uns selbst denken und fühlen! Lehnt unser Partner Teile von uns ab, lehnen wir diese Teile selbst in uns ab! "Nervt" uns unser Partner mit gewissen Verhaltensweisen oder verstört uns damit, dann lehnen wir diese als Schattenanteile vermutlich in uns selbst ab!

Unser Partner ist wohl - wie auch unsere Freunde/Kollegen/Familienmitglieder - unser deutlichster Spiegel der Selbstreflexion. Wie wir uns im Inneren fühlen, so zeigt sich unser Partner uns gegenüber!

Zum Beispiel ist für mich Spiritualität sehr wichtig. Ich bin Energetikerin und liegt mir mein Glaube sehr am Herzen. Ich bin nicht religiös im Sinne der katholischen Kirche, jedoch bin ich zutiefst gläubig und in ständigem Kontakt mit Gott und den Engeln, wenn ich meditiere oder bete.

Mein letzter Partner (wie auch seine Vorgänger) lehnen Spiritualität und Energetik grundlegend ab, weil alles, was nicht wissenschaftlich belegbar sei, in deren Augen gar nicht existiert, was meiner Meinung nach kein Problem an sich darstellt, da jeder Mensch glauben soll woran er möchte oder eben auch nicht, jedoch fiel mir erst nach der Trennung auf, dass wenn mein Partner Spiritualität an sich schon ablehnt, mich zu ca. 90% ablehnt, denn ich BIN spirituell und lebe meinen Glauben und richte auch mein Leben danach aus! Lehnt er dies jedoch ab, lehnt er mich im Endeffekt ab und was sagt mir das? Dass ich selbst diesen Teil bisher in mir (mehr oder weniger bewusst) abgelehnt habe!!!

Doch da sich mein ganzes Leben seit meinem Unfall Anfang Jänner im Wandel befindet, bin ich nicht nur dabei, meine Schattenseiten zu erforschen und zu akzeptieren, sondern auch mein wahres Ich öffentlich und nicht nur Innen, zu leben! Ich liebe es Orakelkarten zu befragen, zu meditieren, in der Natur in die Stille zu gehen, um mich mit Mutter Erde und den Tieren zu verbinden. Ich liebe es, mit den Engeln und Geistwesen zu kommunizieren, sei es im Gebet, in der Meditation oder in meinen Träumen. Ich heile mich selbst mit Hilfe von Bachblüten, Heilsteinen und Innenschau!

Langsam begreife ich, wie wichtig ich mir selbst bin, und dass ich definitiv an die erste Stelle in meinem Leben gehöre und zwar so wie ich bin! Ein naturliebender, bodenständiger, spiritueller, herzlicher, kreativer, lustiger wie auch ernster, nachdenklicher und trauriger Mensch, der mit den Beinen fest auf der Erde steht, jedoch den Kopf immer in den Wolken und das Herz im Einklang mit Gott hat.

Ich bin wie ich bin und so bin ich wertvoll und in Ordnung, denn Gott hat mich so geschaffen und meine Eltern haben mir dieses wundervolle Leben voll Liebe geschenkt und mit meinem in mir selbst wiederentdeckten Licht gehe ich nun den Weg meines Herzens voll Vertrauen und Liebe, denn die Liebe ist die stärkste Macht im Universum und wenn wir uns selbst lieben, versetzt unser

238

Glaube schließlich Berge und die Wunder, die Gott für uns bereithält, können endlich in unser Leben treten und uns das zurückgeben, was wir verdienen und wofür wir immer hart an uns arbeiten.

Ich wünsche uns allen, die wir dem Ruf unseres Herzens folgen, viel Licht & Liebe auf unserem Weg - Gott und die Engel sind mit uns und das Glück und die Liebe sind in uns, wir müssen nur wieder still werden, dann können wir unsere eigene Herzensstimme wieder hören und ihr folgen.

Wann es Zeit ist loszulassen

Ich befinde mich seit Anfang des Jahres in einem Totalumbruch, der mich nach jahrelanger Stagnation in kurzer Zeit sehr verändert hat.

Ich fühle nun anders, ich denke anders, ich empfinde anders und vor allem fühle ich mich anders! Nach diesem monatelangen Reife- und Wachstumsprozess, fallen nach und nach alte Schichten ab und offenbart sich mir langsam mein wahrer Kern.

Ich entdecke mich und die Welt komplett neu. Ich sprenge meine alten Grenzen und Glaubenssätze und dehne mich aus soweit das Universum reicht.

Warum sich aus Angst zensieren? Warum sich von anderen klein halten lassen? Warum den Zweiflern mehr Glauben schenken als unserem Herzen?

Warum den Tunnelblick der Angst in Dunkelheit fokussieren, anstatt mit offenen Augen der Liebe das Leben feiern und die Welt neu entdecken, und das jeden Tag?

Natürlich fällt es einem immer etwas schwer das Gewohnte (Partner, Job, Freunde, Wohnort...) hinter sich zu lassen, doch was, wenn der bisherige Rahmen für uns zu klein geworden ist und nicht mehr passt? Wir uns nicht frei entfalten, weil wir Angst davor haben, dass wir dann weniger liebenswert sind? Dass wir verlassen werden, wenn wir unser wahres Selbst zeigen und leben?

Was, wenn aber die Angst der anderen uns vom Wachsen AB-HÄLT, ja blockiert? Was, wenn die ANDEREN sich vor Veränderung fürchten und uns festhalten, weil sie uns "so wie wir jetzt sind" am liebsten für immer genauso hätten? Was, wenn Angst BEIDE davon abhält sich zu entwickeln und zu entfalten?

240

Ist es dann nicht besser in Liebe zu handeln, ehrlich zu sich selbst zu sein, der Wahrheit ins Auge zu blicken und zu gehen damit jeder frei sein kann?

Liebe und Loslassen sind zwei wichtige Faktoren im Leben, denn nur wer bedingungslos liebt, sein Leben für den anderen geben würde, oder auch, den anderen um seines Glückes Willen gehen zu lassen, lebt WAHRE LIEBE!

Bedingungslos und ohne Ego zu Lieben bedeutet frei zu sein und Liebe zu geben und auch zu empfangen.

Im Herzen sind wir alle eins, egal ob die geliebten Menschen noch leben oder bereits in eine andere Form übergegangen sind - wir sind mit allem in Liebe verbunden.

Willst du wirklich frei sein, liebe, was dich liebt und lass dankbar los, was dich blockiert. Lebe dich und deine Wahrheit - JETZT!

Dem eigenen Ruf folgen

Hast du auch in deiner Kindheit Erfahrungen sammeln "dürfen", dass du unbedingt etwas tun wolltest, deine Eltern oder zumindest ein Elternteil dir dies versagte, aus dem "Grund", dass du das sowieso nicht schaffst?

Mir ging es so als ich von der Volksschule in die Hauptschule wechselte. Es war kurz nachdem mein Vater gestorben ist. Ich wünschte mir so sehr in die Sportklasse der Hauptschule gehen zu dürfen, weil ich immer schon gern gesportelt und geturnt hab. Dafür musste man einen Eignungstest in der Schule machen, welchen ich unbedingt machen wollte, jedoch erlaubte es mir meine Mutter nicht, mit dem Vermerk, dass ich zu wehleidig dafür sei und diesen Test gar nicht versuchen bräuchte.

Oder einige Jahre später nach der Hauptschule, als der "Ernst des Lebens" begann und man sich mit 14 Jahren entscheiden sollte, was man später einmal machen möchte beruflich. Ich wollte die HBLA machen, um nachher die SOZAK (Sozialakademie) zu absolvieren um anschließend als Drogenberaterin zu arbeiten. Nun ja - ich scheiterte am Matheaufnahmetest und machte darum den Polytechnischen Lehrgang, um danach in eine Einzelhandelskauffrau-Lehre zu gehen.

Die Lehre widerstrebte mir innerlich so sehr, dass ich nach wenigen Monaten kündigte, jedoch besuchte ich weiterhin die Berufsschule und schloss die erste Klasse mit gutem Erfolg ab. Die Lehrstellensuche ging jedoch nur gemächlich dahin und fand ich nichts Passendes. Ich fasste den Wunschberuf "Heilmasseur" als Lehre ins Auge, da ich von Geburt an mit heilenden Händen ausgestattet und beschenkt wurde, zusätzlich zu meiner medialen Begabung (Hellsichtigkeit und Sensitivität). Wieder war es meine Mutter, die meinte, dass dieser Beruf nichts für mich wäre, da ich immer wieder

242

an rheumatischen Beschwerden litt, was mich über Umwegen dazu brachte, die Handelsschule mit Fachzweig IT (Informationstechnologie) zu absolvieren, was auch meinem Naturell entsprach, da ich Technik über alles Liebe und dennoch ließ mich der Wunsch "zu heilen" bis heute nicht los.

Ich fing ja Ende 2008 mit Reiki an und hab meine naturgegebenen Fähigkeiten als spirituelles Medium bis heute entwickelt und bin immer noch dabei, meine Fähigkeiten und Talente sowie mein wahres innewohnendes Potenzial voll zu entwickeln und zu entfachen und auch beruflich neue Wege zu beschreiten, weshalb ich - für den Anfang - eine Ausbildung zur Dipl. Energetikerin nach TCM nebenbei angefangen habe.

Durch diese Ausbildung kam ich zu meinem Heilpraktiker, der gleichzeitig einer meiner Vortragenden ist, zu welchem ich nun schon einige Male - um körperlich-geistige Blockaden zu behandeln - gegangen bin, zusätzlich zu meiner wöchentlichen Hypnosetherapie bei meiner Psychotherapeutin, um endlich meine Traumen - vor allem die aus meiner Kindheit - aufzuarbeiten, weil ich durch meinen Unfall Anfang des Jahres gemerkt habe, dass ich alleine nicht mehr weiter komme, was ich dankbar als Wink des Schicksals angenommen habe.

Und jetzt, durch wieder tägliches Meditieren, in mich gehen und Dasein zusätzlich zur wöchentlichen Therapie und gelegentlichen Heilbehandlung, bin ich endlich bei mir angekommen und wieder da, wo mein Herz ist und ich sein wollte. Es war ein sehr intensiver und steiniger Weg und dennoch bin ich für jede Sekunde meines Lebens dankbar, weil jede Erfahrung, war sie auch noch so schlimm und scheinbar ausweglos, mich dazu gebracht hat, weiter zu kämpfen, meinem Weg zu folgen, wieder zurück zu mir zu finden und mein wahres Selbst zu entdecken und zu entfachen.

Jetzt als Erwachsene weiß ich, dass ich als Kind der "Willkür" anderer ausgesetzt war. Niemand wollte mir Böses und handelte jeder - mein Herz sagt es mir - nach besten Wissen und Gewissen und meinte es nur gut mit mir bzw. dachten sie, dass sie wüssten, was das Beste für mich wäre und ich glaubte immer wieder anderen mehr als mir selbst, was zu meinem Unfall/meiner Blockade führte.

Ich bin niemandem böse, am allerwenigsten mir selbst, weil ich mein ganzes Leben lang immer wieder auf andere hörte als auf meine innere Stimme! Ich wusste es eben nicht besser, doch jetzt habe ich die Einsicht bekommen, in allem die Liebe zu sehen und beginne nun, mein bisheriges Leben immer besser zu verstehen und kann die Puzzleteile immer besser zu einem Gesamtbild zusammenfügen, um zu verstehen, wofür die ganzen Lektionen und vermeintlichen Irrwege notwendig waren, denn ALLE Erfahrungen hatten ihre Berechtigung und ihre tiefere Bedeutung.

Im Universum gibt es keine Zufälle, auch wenn wir dies nicht immer glauben wollen oder können, doch mein Herz sagt mir, dass es so ist.

All die Erfahrungen, ob schwierig oder angenehm, haben uns wachsen lassen, uns gedeihen und zu uns selbst finden lassen. Durch all die Menschen, Umstände, Situationen, Schwierigkeiten durften wir wachsen. Uns wuchsen Flügel und konnten wir immer mehr Wissen ansammeln, um unser Potenzial zu entwickeln. Wir werden von der Raupe zum Schmetterling und können, wenn wir so weit sind und unsere Zeit gekommen ist, unseren Kokon verlassen, unsere Flügel auftrocknen und gen Sonne zu unseren Träumen und Zielen losfliegen. Dann sind wir bereit zu handeln und unserem Naturell/unserem Herz entsprechend zu leben.

Wenn du immer schon den Wunsch hegtest etwas zu tun, dich bis heute aber nicht getraut hast, dann überleg dir bitte mal, wo die

244

Ursache dafür liegen könnte! Vielleicht hat auch jemand in deiner Kindheit zu dir gesagt, dass du das sowieso nicht kannst bzw. dass das nichts für dich ist, weil er es nur gut mit dir meinte, doch nun bist du erwachsen! Du weißt selbst am besten, was das Richtige für dich ist und steht es dir frei, dies nun zu tun!

Lebe deine Träume, bring dein Herz zum Singen! Verlass das Tal der Angst und Tränen und lichte deinen Gedankennebel durch das Licht der Liebe! Sei du selbst und hör auf dein Herz, denn wenn wir diesem Ruf folgen - davon bin ich 100%ig überzeugt - werden wir von Gott/dem Universum/der Liebe selbst zu unseren Zielen geführt, wir brauchen nur genau hinhören und unserer inneren Führung folgen.

Was wäre, wenn...

...Wir heute einmal unseren Blickwinkel auf den Kopf stellen - ähnlich dem "Gehängten" aus dem Tatort?

Dieser hängt kopfüber an den Füßen an einem Ast und fallen so alle unwichtigen Kleinigkeiten aus seinen Taschen heraus auf den Boden, sodass er diese in Ruhe betrachten kann.

Vielleicht sollten wir unsere Welt auch einmal auf den Kopf stellen und uns ansehen, was wir so an unnötigem Ballast mit uns herumtragen?

Manchmal reicht es schon, um ein Problem zu lösen, das Ganze einmal aus einem anderen Blickwinkel/einem anderen Standpunkt zu betrachten und uns fällt sofort auf, was uns bisher daran gehindert hat, unsere Lösung zu erkennen.

Oft liegt die Lösung direkt vor unseren Augen, doch können wir sie aufgrund unserer verstrickten Verhaltensmuster und alten Glaubenssätze nicht gleich erkennen.

Was wäre, wenn...

...wir heute ausnahmsweise mal die "Hürden" unseres Lebens als Chancen titulieren?

...unsere "Probleme" als Wachstumsmöglichkeit anerkennen?

...unsere "Ängste und Sorgen" als alte Schuhe betrachten und uns neue, bequemere zulegen?

...unsere "Fehler" als notwendige Erfahrungen erkennen?

~ Was würde sich ändern für dich? ~

Würdest du dich so erleichtert/freier fühlen?

Was brauchst du, um dich frei und leicht zu fühlen?

Wieso ist immer erst einmal alles schlecht?

Warum müssen Veränderungen negativ sein?

Meine Erfahrung hat mich gelehrt, dass das Leben ein ständiger Wandel ist und nichts wirklich Bestand hat, außer unserem Glauben an uns und das Leben selbst!

Veränderungen sind einfach da und das ist auch gut so! Stell dir vor, du müsstest dich heute als Erwachsener noch von deinen Eltern rund um die Uhr versorgen lassen und könntest so gar nicht für dich selbst sorgen.

Du müsstest mit 30 Jahren noch deine Mama um Erlaubnis fragen, wenn du ausgehen möchtest oder deinen Papa, ob er die große Spinne aus deinem Zimmer entfernt!

Ist es nicht so viel schöner selbst Erfahrungen zu sammeln und daran zu wachsen und zu dem Menschen zu werden, der schon immer in dir gesteckt hat?

Findest du es nicht auch spannend zu beobachten, wie du immer mehr selbst dein Leben gestalten und dich entfalten kannst?

Viele haben Angst vor der Verantwortung für das eigene Leben - auch das ist ganz natürlich, doch wie gesagt stehen uns dadurch auch alle Türen offen, die wir durchschreiten dürfen, um unsere Träume und Ziele zu erreichen!

Ist es nicht ein wunderbares Geschenk? Mit unserem freien Willen uns unser Traumleben - im Einklang mit unserem Herzen - zu erschaffen?

Wenn du mir nicht glaubst, fühle in dich hinein und dein Herz wird dir die Wahrheit meiner Worte bestätigen, doch hinterfrage selbst!

Glaube nie etwas, das dir jemand sagt, ohne vorher auf dein Herz oder dein Bauchgefühl (deine Intuition) zu hören! So schützt du dich vor Gefahren und blindem Vertrauen.

Wenn dein Herz dir einen Stich gibt oder dein Magen sich zusammenzieht, dann achte aufmerksam darauf und frage dich, was dir das sagen möchte.

Bitte ignoriere dir zuliebe niemals deine wahren Gefühle! Das Leben prüft für uns immer wieder unsere Entscheidungen und gibt uns so die Möglichkeit uns immer wieder neu auszurichten!

Wolltest du zB schon immer etwas haben oder tun und hast jetzt auf einmal die Möglichkeit dazu, fühle ganz genau in dir, was du fühlst!

Fühlst du dich frei und leicht - wunderbar! Fühlst du dich jedoch schwer, ängstlich, kraftlos oder gar depressiv - hinterfrage dich bitte ob dein alter Wunsch heute noch zu dir passt, oder ob es einen guten Grund gibt, warum du ihn bisher nie bekommen/erreicht hast.

Vielleicht ist es an der Zeit für neue Träume?

Du hast so viel erreicht und geschafft in deinem Leben - mal mit Unterstützung, mal alleine - wie wäre es jetzt dein Herz zu befragen wonach es sich wirklich sehnt?

Nimm dir dazu viel Zeit und Ruhe, du bist nicht in Eile und darf deine Seele auch sanft und ruhig antworten.

Kommt dir etwas plötzlich und "laut" bzw. sogar unter Druck gesetzt in den Sinn, nehme es an und lass es wieder los - atme es einfach aus, das ist dein Ego, das sich bedroht fühlt und zu Wort meldet.

Kommen in dir jedoch innere Bilder, angenehme Gefühle oder gar äußere visuelle Impulse, so darfst du dich freuen, da dein Herz mit dir spricht und dir von seiner Sehnsucht erzählt.

Nun hast du wieder die Wahl die Entscheidung zu treffen, deinem Leben eine positive, neue Wendung zu geben und dich darauf einzulassen.

Oder du nimmst es einfach nur in dich auf und machst weiter wie bisher, es liegt ganz bei dir...

Doch wundere dich nicht, wenn dir dein Leben plötzlich leer und sinnlos vorkommt, weil dein Herz nicht dabei ist!

Bitte achte auf diese Gefühle und handle weise und bewusst!

Du kannst dich jede Sekunde für dein neues Leben entscheiden. Bitte Erzengel Michael/Gott/deine Schutzengel/das Universum um Hilfe und öffne dich neuen Impulsen - das genügt vollkommen, wenn du dies von ganzem Herzen tust.

Und dann erlebe Schritt für Schritt die Wunder, die dein Leben plötzlich viel einfacher und schöner machen und wie du jeden Tag deinem Ziel immer näher kommst/ihm entgegengehst, bis du dein Ziel erreicht und endlich das Leben kannst, was dich schon immer erfüllt hat.

Geld als liebevolle Energieform

Warum hat Geld für viele von uns einen negativen "Touch"?

Hast auch du in deiner Kindheit vielleicht oft Sätze gehört wie:

"Geld verdirbt den Charakter.",

"Geld stinkt.",

"Geld macht unglücklich und einsam.",

"Entscheide dich für Reichtum oder die Liebe, beides geht nicht."...

und irgendwie/irgendwann als "wahr" angenommen, da es ja unsere Eltern und andere Erwachsene gesagt haben, die alles wussten aus unseren Kinderaugen betrachtet?

Darf ich dir heute, einfach so, einen neuen Gedanken vorstellen?

Was wäre, wenn du ab heute dem Gedanken Spielraum in dir gibst, dass Geld eine liebevolle Energieform ist?

Lass diesen neuen Gedanken einfach mal einen kleinen Raum in dir einnehmen, wo er sich spielerisch entfalten darf - wenn du das möchtest.

Was wäre, wenn Geld und Macht - aus dem Blickwinkel der Liebe betrachtet - Geschenke von Gott sind, um uns eine Möglichkeit/Ausdrucksform zu geben, mit der wir Gutes tun oder unsere Dankbarkeit für erhaltene Leistungen ausdrücken können?

Stell dir heute einmal ausnahmsweise vor, dass Geld in erster Linie eine neutrale Energie hat/ist.

Erst DEIN Gedanke/DEINE Entscheidung diese Energie weiterzugeben, gibt dieser Energieform DEINE Energie, welche du dann mit deiner Handlung (als Bezahlung, als Geschenk, für etwas

Negatives, als negatives Machtinstrument betrachtet) in das Universum entlässt...

Wie auch immer DU DICH entscheidest, liegt ganz bei DIR in deiner Schöpferkraft.

DU wählst, ob du Liebe oder Angst ins Universum sendest, um mehr davon zurück zu bekommen!

Das Gesetz der Anziehung wirkt IMMER und richtet sich an DEINER Energie aus!! "Dein (schöpferischer) Wille geschehe!".

Du bist kein willkürliches Opfer einer "unbarmherzigen höheren Macht" - maximal bisher ein Opfer deiner EIGENEN unbewussten Handlungen, die genau das nach sich zogen, was du eigentlich so sehr vermeiden wolltest!

Doch dazu darf ich dir sagen: Die Energie folgt immer nur DEINEN Gedanken!

Ob du das nun glaubst oder nicht, dein Herz weiß es bereits. Nur dein Ego wehrt sich noch anzuerkennen, dass es nicht das Opfer anderer ist, sondern du dich nur durch deine eigene bisherige Unbewusstheit in deine jetzige Situation gebracht hast!

Lass dein Ego ruhig laut: "Was schreibt die denn für Quatsch?", ausrufen - werde dann jedoch ruhiger und spüre dich bitte in dein Herzzentrum, welches sich in der Mitte deiner Brust befindet, hinein und fühle einfach nur.

Dein Ego schreit, dein Herz/deine Weisheit sind ganz leise und doch immer da - du nimmst sie vielleicht manchmal als "Bauchgefühl" oder "Geistesblitz" wahr?

Das ist deine wahre Verbindung mit dem großen Ganzen/Gott/dem Universum - wie du deine Urquelle auch immer bezeichnen magst.

Gib diesem Gefühl/deiner Wahrheit doch ab heute immer wieder mehr Platz in deinem Leben?

Entfalte dich jetzt und lasse alte Muster, die du schon lange aufgearbeitet hast, los und lass deine Energie sich deinem heutigen Entwicklungsstand anpassen?

Gib dir spielerisch mehr Raum und entscheide dich bewusst dafür, dich ab heute neuen Impulsen zu öffnen?

Wenn dir das noch Angst macht, bitte um göttliche Führung und sei ganz im Vertrauen: Dein Herz kennt deinen Weg bereits, dein Verstand darf sich nun Schritt für Schritt anpassen, indem DU ganz bewusst deinen Geist dafür öffnest ;)

Liebe

Wenn sich zwei Menschen finden, die sich nicht bewusst gesucht haben, dann war die Sehnsucht dieser zwei Herzen so stark, dass sie sich zum richtigen Zeitpunkt angezogen haben, um sich zu ver-einen.

Hat man sich erst einmal gefunden, sollte man dankbar sein für diese Liebe, da sie ein unbezahlbares Geschenk ist!

Man sollte diese Liebesbeziehung hegen und pflegen wie eine wunderschöne Blume. Sie regelmäßig umsorgen und für sie da sein. Sich ihrer Schönheit und Einzigartigkeit bewusst sein.

Nur wenn man für sich und die Blume gut sorgt, kann diese wachsen, gedeihen und leben.

Egal ob man erst ein paar Tage oder schon Jahrzehnte zusammen ist: Die Liebe ist KEINE Selbstverständlichkeit!

Niemand ist verpflichtet an unserer Seite zu sein oder zu bleiben! Sei du für dich der Gärtner, der deine Seele gedeihen lässt und gleichzeitig derjenige, der deinen Blumengarten um dich herum so richtig erblühen lässt.

Nehme dir bitte immer wieder die Zeit für dich wie auch für deine Beziehungen und denke immer daran, dass man nie weiß, wie viel Zeit einem noch bleibt!

~ Das Wertvollste, das wir einander schenken können, ist Zeit. ~

Zeit mit einander und füreinander, Zeit zum Träumen und Wachsen, Zeit zu Lieben und Gedeihen und vor allem Zeit für Dankbarkeit einander gefunden zu haben.

Hast du derzeit keinen Partner, dann sei darüber nicht traurig und werde dir bewusst, dass diese Zeit für dich ein Geschenk ist, um

253

dich und dein Herz zum Blühen bringen zu können, indem du gut für dich sorgst, dich hegst und pflegst.

Allein dadurch schaffst du genügend Freiraum für eine neue Blume in deinem Beziehungsgarten, die genau dann zu sprießen beginnt, wenn du innerlich und äußerlich bereit bist, neu zu erblühen.

DU bist ein Geschenk! Sei also auch ein Geschenk für dich und andere, denn sorgst du gut für dich und geht es dir gut, geht es auch allen in deinem Umfeld gut, da jeder Zeit und Platz haben, sich frei zu entfalten und zu gedeihen.

Lebe und liebe dich und sei du selbst dein Gärtner, der deine Seelenblüte zum Erstrahlen bringt.

Liebe ist IMMER ein Geschenk, darum achte dich und andere und sei auch dankbar für das "Unkraut" in deinem Leben, denn es lehrt dich den Wert der Arbeit an dir, da du erst dann deine wahre Schönheit erkennst, wenn du Stück für Stück deinen Seelengarten vom Unkraut befreit hast.

Genieße deine Zeit des Wachstums und der Liebe - sei es dir wert und erlaube dir zu erblühen.

Nachwort oder „Was seither alles geschah..."

Ein bisschen über vier Jahre später hat sich mein Leben unglaublich verändert!

Wenn man seinem Herzen voll vertraut, dann ist man mit sich und allem was ist im Einklang. Man blockiert sich nicht durch ego- oder angstbasierende Gedanken, sondern folgt - aufmerksam und neugierig wie ein Kind – der Stimme seines Herzens, die uns wirklich step by step zur Erfüllung unserer Wünsche führt. Wir brauchen nur zu vertrauen! Ist das nicht wunderbar?

Für mich war das früher auch nicht so leicht, doch im Laufe der Jahre lernte ich immer mehr und mehr zu vertrauen, weniger zu hinterfragen und mich führen zu lassen.

Irgendwann kommen wir alle an den Punkt im Leben wo es heißt: Jetzt oder nie! Folge ich weiter den Anweisungen anderer oder traue ich mich endlich meine Flügel auszubreiten und dem Leben meiner Träume entgegenzufliegen? **Wie entscheidest du dich?**

Alles Liebe,

Sabine Grimus

Aktuelles von mir und meiner Arbeit findest du auf www.wege-des-herzens.at oder auf Facebook unter SabineSoreiaGrimus.

Widmung

Ich möchte die Neuauflage meines ersten Buches den beiden wichtigsten Männern in meinem Leben widmen: Meinem Ehemann und unserem Sohn.

Trotz Alltagsstress gönnen sie mir immer wieder Auszeiten, in denen ich meine Herzensprojekte realisieren und meine Ziele Schritt für Schritt erreichen kann, und dafür danke ich ihnen.

Mein Schatz,

ich danke dir von ganzem Herzen, dass du nicht nur in meinem Leben, sondern auch an meiner Seite bist, an mich glaubst und mich unterstützt, wo du nur kannst.

Durch dich kann ich mir die Zeit für mich und meine Träume nehmen und dafür ein dickes fettes Dankeschön!

Du und unser kleiner Mann bereichert mein Leben ungemein und habe ich durch euch gelernt, wie schön und harmonisch das Familien- und Beziehungsleben sein kann.

Ich liebe euch von ganzem Herzen und bin gesegnet mit euch beiden!

In Liebe,

Sabine/Mama